杭州全书编纂指导委员会

杭州全书编辑委员会

杭州全书·运河（河道）丛书

杭州河道老字号系列丛书·医药卷

王国平 总主编

蓝杰 主编

船载药材运输忙

王露 著

杭州出版社

杭州全书总序

　　城市是有生命的。每座城市，都有自己的成长史，有自己的个性和记忆。人类历史上，出现过不计其数的城市，大大小小，各具姿态。其中许多名城极一时之辉煌，但随着世易时移，渐入衰微，不复当年雄姿；有的甚至早已结束生命，只留下一片废墟供人凭吊。但有些名城，长盛不衰，有如千年古树，在古老的根系与树干上，生长的是一轮又一轮茂盛的枝叶和花果，绽放着恒久的美丽。杭州，无疑就是这样一座保持着恒久美丽的文化名城。

　　这是一座古老而常新的城市。杭州有8000年文明史、5000年建城史。在几千年历史长河中，杭州文化始终延绵不绝，光芒四射。8000年前，跨湖桥人凭着一叶小木舟、一双勤劳手，创造了辉煌的"跨湖桥文化"，浙江文明史因此上推了1000年；5000年前，良渚人在"美丽洲"繁衍生息，耕耘治玉，修建了"中华第一城"，创造了灿烂的"良渚文化"，被誉为"东方文明的曙光"。而隋开皇年间置杭州、依凤凰山建造州城，为杭州的繁荣奠定了基础。此后，从唐代"灯火家家市，笙歌处处楼"的东南名郡，吴越国时期"富庶盛于东南"的国都，北宋时即被誉为"上有天堂，下有苏杭"的"东南第一州"，南宋时全国的政治、经济、科教、文化中心，元代马可·波罗眼中的"世界上最美丽华贵之天城"，明代产品"备极精工"的全国纺织业中心，清代接待康熙、乾隆几度"南巡"的旅游胜地、人文渊薮，民国时期文化名人的集中诞生地，直到新中国成立后的湖山新貌，尤其是近年来为世人称羡不已的"最具幸福感城市"——杭州，不管在哪个历史阶段，都让世人感受到她的分量和魅力。

这是一座勾留人心的风景之城。"淡妆浓抹总相宜"的"西湖天下景"，"壮观天下无"的钱江潮，"至今千里赖通波"的京杭大运河（杭州段），蕴涵着"梵、隐、俗、闲、野"的西溪烟水，三秋桂子，十里荷花，杭州的一山一水、一草一木，都美不胜收，令人惊艳。今天的杭州，西湖成功申遗，"中国最佳旅游城市""东方休闲之都""国际花园城市"等一顶顶"桂冠"相继获得，杭州正成为世人向往之"人间天堂""品质之城"。

这是一座积淀深厚的人文之城。8000年来，杭州"代有才人出"，文化名人灿若繁星，让每一段杭州历史都不缺少光华，而且辉映了整个华夏文明的星空；星罗棋布的文物古迹，为杭州文化添彩，也为中华文明增重。今天的杭州，文化春风扑面而来，经济"硬实力"与文化"软实力"相得益彰，文化事业与文化产业齐头并进，传统文化与现代文明完美融合，杭州不仅是"投资者的天堂"，更是"文化人的天堂"。

杭州，有太多的故事值得叙说，有太多的人物值得追忆，有太多的思考需要沉淀，有太多的梦想需要延续。面对这样一座历久弥新的城市，我们有传承文化基因、保护文化遗产、弘扬人文精神、探索发展路径的责任。今天，我们组织开展杭州学研究，其目的和意义也在于此。

杭州学是研究、发掘、整理和保护杭州传统文化和本土特色文化的综合性学科，包括西湖学、西溪学、运河（河道）学、钱塘江学、良渚学、湘湖（白马湖）学等重点分支学科。开展杭州学研究必须坚持"八个结合"：一是坚持规划、建设、管理、经营、研究相结合，研究先行；二是坚持理事会、研究院、研究会、博物馆、出版社、全书、专业相结合，形成"1＋6"的研究框架；三是坚持城市学、杭州学、西湖学、西溪学、运河（河道）学、钱塘江学、良渚学、湘湖（白马湖）学相结合，形成"1＋1＋6"的研究格局；四是坚持全书、丛书、文献集成、研究报告、通史、辞典相结合，形成"1＋5"的研究体系；五是坚持党政、企业、专家、媒体、市民相结合，形成"五位一体"的研究主体；六是坚持打好杭州牌、浙江牌、中华牌、国际牌相结合，形成"四牌共打"的运作方式；七是坚持权威性、学术性、普及性相结合，形成"专家叫好、百姓叫座"的研究效果；八是坚持有章办事、有人办事、有钱办事、有房办事相结合，形成良好的研究保障体系。

　　《杭州全书》是杭州学研究成果的载体，包括丛书、文献集成、研究报告、通史、辞典五大组成部分，定位各有侧重：丛书定位为通俗读物，突出"俗"字，做到有特色、有卖点、有市场；文献集成定位为史料集，突出"全"字，做到应收尽收；研究报告定位为论文集，突出"专"字，围绕重大工程实施、通史编纂、世界遗产申报等收集相关论文；通史定位为史书，突出"信"字，体现系统性、学术性、规律性、权威性；辞典定位为工具书，突出"简"字，做到简明扼要、准确权威、便于查询。我们希望通过编纂出版《杭州全书》，全方位、多角度地展示杭州的前世今生，发挥其"存史、释义、资政、育人"作用；希望人们能从《杭州全书》中各取所需，追寻、印证、借鉴、取资，让杭州不仅拥有辉煌的过去、璀璨的今天，还将拥有更加美好的明天！

　　是为序。

2012年10月

运河（河道）全书序

　　杭州之名，由河而生；杭州之城，依河而建；江南名郡，借河而扬；两朝都城，因河而定；历史名城，倚河而盛。杭州是一座典型的水城，集江（钱塘江）、河（京杭大运河）、湖（西湖）、海（钱塘江入海口杭州湾）、溪（西溪）于一体，面海而栖、濒江而建、傍溪而聚、因河而兴、由湖而名。这种大自然的造化和厚爱，让杭州在中国众多城市中可谓独一无二。

　　在数千年的杭州建城史中，杭州的经济、文化和社会发展等均与运河河道的畅通息息相关，尤其是京杭大运河在杭州兴起、发展和繁荣的进程中发挥了重大作用。清潘耒《杭城浚河记》对此有生动描述："杭之城，左江而右湖，江潮湍悍不可引，引湖水注城，入自清波、涌金二门，交络城中。由武林、艮山以出，用以疏烦、蒸宣、底滞，犹人之有血脉、喉、胃也。"

　　杭州河流纵横交错，大小湖泊分布其间，水系十分发达。据统计，杭州共有大小河道1100多条，长度合计3500千米，各种湖泊、水荡总面积达16万亩（约合106.67平方千米）。杭州的运河河道多姿多彩，既有延续2500余年历史、世界上规模最大并被列入世界遗产名录的大运河，也有像上塘河、余杭塘河、中河、东河、沿山河、贴沙河等300多条保留至今的主城区河道，还有不少像浣纱河这样因城市建设被湮没的城中小河。这些河流遍布杭城内外，南通钱江，北接大运河，西连西湖，东出杭州湾，使杭州与外界紧密相连。

　　杭州的运河河道也是杭州文明的摇篮，造就了杭州深厚的文化底蕴。千百年来，多少风流人物与杭州运河河道结下了不解之缘，不仅留下了诸多诗文、书画、戏曲和故事传说，而且建造了无数名宅、店铺、作坊、园林、寺观、桥梁、船只等，为后人留下了极其宝贵的文化遗产。

鉴于运河河道的重要地位和作用，历代杭州先民对其疏浚与保护从未停止，如东汉华信修筑海塘，唐代李泌开凿六井、白居易治理西湖，北宋苏轼浚治西湖和运河，以及此后各朝官员、乡土名贤及百姓们也一直努力浚治运河河道。但终因连年战事和国力不济，至20世纪40年代杭州已有不少河道淤塞。中华人民共和国成立以后，随着国力昌盛和人们环保意识增强，杭州于1982年开始对中河、东河进行治理，拉开了市区河道大规模整治的序幕。

迈入新世纪以来，杭州市委、市政府高度重视运河（杭州段）和市区河道的保护与开发。2002年始，杭州围绕"还河于民、申报世遗、打造世界级旅游产品"目标，坚持"保护第一、生态优先、拓展旅游、以民为本、综合整治"原则，连续多年实施大运河（杭州段）综合整治与保护开发工程，八次推出"新运河"，倾力打造具有时代特征、杭州特色的生态河、文化河、景观河，更使中国大运河成功列入世界遗产名录；2007年始，杭州按照"截污、护岸、疏浚、引水、绿化、管理、拆违、文化、开发"方针，全面实施市区河道综合整治与保护开发工程，完成杭州绕城公路以内291条市区河道的综合整治与保护开发，打造"流畅、水清、岸绿、景美、宜居、繁荣"的新杭城，实现百万杭州老百姓"倚河而居"的世纪之梦。

总之，杭州是一座依水而建、因水而兴的城市。千百年来，杭州运河河道不仅滋润了这片美丽的土地，养育了一方百姓，更使杭州的城市文明得以延续和光大，乃至享誉海内外，厥功至伟。

〔翁文杰，杭州西湖风景名胜区管委会（市园林文物局、市京杭运河〈杭州段〉综合保护委员会）党委书记、主任（局长）〕

目　录

医药类老字号与河道文化

一、钱塘幸有长流水，富庶 方识湖山美

　　言及杭州，最美不过西湖。如果说一片西湖水是成就了杭州的点睛之笔，那么城里城外四通八达的河网水系，则像是杭州遒劲有力的肌骨，成为杭州城市数千年生存发展的基础。所谓"轻清秀丽，东南为甲"，无西湖杭州不美；"富兼华夷，余杭又为甲。百事繁庶，地上天宫也"，无河道杭州不富。人们常说，西子湖是杭州晶莹的魂魄，没有西湖的杭州不过是千城千面又一个平凡的缩影。可鲜有人认识到，河道才是这座古城千年的命脉，没有涓涓流水滋养的土地和商机，人们就不会在此筑城蕃息，那片无人游览无人修整的西湖，亦不过是长在荒郊无人识的遗珠。

　　"上善若水"，水是万物之源。自古以来，流动的水在中国人心中，就与源源不绝的财富紧密联系在一起。于生存，水可以饮用灌溉；于生活，水可以洗菜浣衣；于生计，水可以船运商贸。水是一个社会顺利运转的源泉和动力，对于水的珍视是一种由来已久的民间习惯。传统的中式建筑，往往会在院落中置一天井，雨水沿着屋顶向内倾斜的瓦片直接流入堂内，好似井水从天上而来，取"四水归堂"之意。直到今天，散落在浙西南深山里的许多村寨皆是傍水而建，在溪流出村的地方，乡民都要植树建塔，名为"水口"，寄托着人们"肥水不流外人田"的淳朴思想。

　　杭州地处江南，傍西湖、临钱塘、接西溪、通运河，是一方水汽氤氲的宝地。然而，在杭州城市的早期记忆中，水多并不一定代表好

事，人们普遍惧水、畏水，个中原因还要从这座城市生长的历史说起。杭州这块土地，远古时期本浸没在一片汪洋之中，后来杭州湾的水位渐次退去，留下包括西湖在内的几处潟湖，也在江边显露出大片适宜耕作的良田。只不过，古时钱塘江的河口区，宽度是今天的十倍，似河非河，似海非海，河道很不稳定，一旦遭遇暴雨涨潮，洪水又会卷土重来，就算是今天紧邻西湖的杭州上城、原下城两区，也仍然属于特大高水位的淹没区。为了捍卫辛苦开垦的田地和家园，杭州人民想尽各种方法去抵御江水的袭扰。自隋开皇九年（589）建置杭州后，千余年的杭城史，就是向钱塘江夺地的斗争史。

河与塘，是杭州人规驯流水的主要武器。河，指的是人工开挖水道，最早出现在隋代。这些人工河通常与江岸平行，河道不宽却深，水流较快，连通着当时散落在城郊各处的湖泊。漫灌的潮水一旦碰上河流，自然会被河水裹挟而去，以此阻碍江水对城池的进军。但这种看似因势利导的方法，却也掣肘颇多。一年之内潮水往往要满溢多次，每次都带着大量浑浊的泥沙而来，不出几年，河道就被泥沙壅塞，难以发挥原本的功效。此外，河流挡得住潮水对城市的袭扰，却挡不住它对江岸的侵蚀。隋唐时期，月轮山以南的之江地块原有大片土地，人们在柳浦兴建渡口，开荒开市，是当时杭州最繁华热闹的地方。但钱塘江的浪涛"每昼夜两次冲激，岸渐成江""数千万亩田地，悉成江面"。因而江滨地域逐年收窄，杭州城区的中心也只得翻过凤凰山和吴山北渐东移。

塘，并非池塘，而是用土石垒筑的堤岸。与人工河被动地等待潮水来袭相反，杭州人用塘堤主动地拴住了潮水桀骜的头颅，将其束缚在原有的河道之中，远远地隔绝在田地市镇以外。五代后梁开平四年（910），吴越王钱镠首筑捍海塘，南自六和塔，北迄艮山门，海塘筑成后，潮势得到有效控制，不但原来的土地得以保全，新露出的河漫滩也逐渐稳固，为杭州的发展提供了崭新的天地。捍海塘虽坚固，但也经不住潮水日夜冲击，因此，这条塘堤在历史上曾经历过多次扩建和改造，形成如今的杭州防海大塘。民间传说，有一次海塘要改建，需要大量的土石，地方官便发动民众说："谁能挑来一担泥土石块，就赏给谁一千个铜板。"消息一传开，四面八方的老百姓都挑了土石来造塘，官员这时却说府库无钱可发。人们一气之下，就把所有土石都倾倒在海边，结果大塘就这么稀里糊涂建成了，故被称为"钱塘"。

钱塘之名，古已有之，传说毕竟存在着虚构的成分，不过这则故事还是表明了一个事实，那就是修筑塘堤必须要大量的土石类材料，需要许多人力来搬运。不知从何时起，人们突然发现，挖掘疏水的河道需要弃置大量土石，修筑堤岸又需要大量土石，为何不把二者结合在一起呢？于是，塘与河两种古老的治水手段被结合起来，人们在开通河道的同时，直接把挖出的泥土堆垒在河的两岸，形成一片高于地面的塘堤，对防范洪涝灾害和潮汐起到了很好的效用。这样的人工河在整个水患肆虐的江南平原传播开来，被人们称为"塘河"。今日，我们仍能在"余杭塘河""备塘河""上塘河"的名字里，寻到这一古老却蕴含着先人智慧的水利工程的身影。

塘河的大量修筑，使得杭州的面貌焕然一新。从钱氏吴越国到两宋，再到元明清三代，杭城的建筑虽然屡屡毁于战火，但历朝历代在城内挖掘疏浚的塘河却长盛不衰。正是这些如丝如缕的河道把整个杭州垫高了数米，将倾盆的暴雨轻柔地导向城外，让城市再也不会频频遭遇水浸之灾。从此以后，杭州人不但不再怕水，更是利用塘河联通江海河湖的优势，将它们拓宽加深成为运河。自此，舟楫桅帆得以从四面八方直抵杭州城内，五湖四海的财富和智慧都聚集在这里，这才造就了"十万余家，环以湖山"的繁荣都会，得到宋仁宗"地有湖山美，东南第一州"的称赞，让大词人柳永也不得不感叹"市列珠玑，户盈罗绮，竞豪奢"。河道对于杭州的贡献，着实是如何赞誉都不为过的。

二、行舟无处不药户，人称江南小蓬莱

人云："北药看京，南药看杭。"自明清以降，杭州有着全中国数一数二的中医药产业，古时被称作"江南药市"。据统计，到了民国时期，杭州的老药号多达100多家。到今日，别的地方已经少有拿得出手的中医药老字号，就算有，那也大多是苟延残喘、艰难度日，一家一户就得撑起整个城市传统医药的门面。而在杭州，不仅有胡庆余堂这样的国字号药局赓续不绝，其他大名鼎鼎的医药商号，如方回春、万承

老字号商标

古代中药炮制场

志、张同泰、叶种德等，竟然还一个接一个地活了过来，互有竞争与合作，呈现出一派欣欣向荣的局面来。这一景象，与杭城厚重的医药老底子是分不开的。

杭州的医药行当，肇兴于两宋，可以说是通过运河之水一路自中原载运而来的。北宋熙宁五年（1072）三月，正是王安石变法期间，其中有一条市易法规定了药品由政府专卖，不允许任何人私自制作和经营任何药品。为了配合法条的实施、控制市场上假药泛滥危害民生的乱象，宋朝政府成立了中国历史上第一个国家药店——东京熟药所，又称"卖药所"，专营全国药材的收购、检验、管理及药品的直接制作。后来，收售药材的部门和制贩药品的部门分离，分别称为医药惠民局和医药合剂局。从此之后，中国的中医药事业从之前民间散乱无端的状态，逐渐转变为传承有序、不断创新的官营产业，无论是在规模上还是质量上都有了极大的提高，民众也能够以低价购买到优质的药品。

靖康之变以后，宋室南迁，大量中央政府机构沿着贯通南北的大运河，落户终点站临安城，即今日的杭州。尽管南宋王朝偏安一隅，但仍然十分重视惠民药局的建立。绍兴二十一年（1151），中央和各地州军的药局扩建为太平惠民局，不仅卖药，而且治病，每遇疫病流行时施散药物。杭州作为南宋的首都，太平惠民局总共设有五处，分布在城区东西南北中五个方向。据描述南宋杭州城市风貌的《梦粱录》说，太平惠民局"以藏熟药，价货以惠民也"。

医药局既多，所需的药材和医官自然是少不了，在南宋150余年的经营下，整个南方地区的药材和医术都源源不绝地向杭州汇聚：长江中上游腹地各省份的药材，往往在下游通过大运河中转来杭；丘陵起伏的皖赣，先走浙西官道来到严州、婺州，再从钱塘江的支流水运抵杭；山水相隔的闽粤，则由海路运载药货到江南最大的港口明州，再经过浙东运河送达钱塘江畔。河道将纵横的商路连缀成网，用一船船弥散着馥郁药香的货物，让杭州与医药结下了不解之缘。久而久之，药局的医官将一身医术代代相传，从而在杭城留下了许多知名的医药世家，这都给后来杭州民间医药事业的繁荣发展打下了坚实的基础。

宋元易代，虽然原本的临安城被付之一炬，毁于战火，但依托着河道带来的生机滋养，流落四方的百姓又逐渐回到这片残垣断壁中来，重新营造自己的家园，杭州的元气很快就恢复了过来。待到马可·波罗造访杭州，这位见多识广的旅行家也不禁赞叹：这是"世界上最为雄伟、壮丽的城市"。这一时期，元朝的京城已经北迁，北方的医药市场自然以繁华的大都北京为中心。但在南方，民间商贸网络凭借固有的韧性，仍按以往的习惯沿着河道把药材运往杭州集散，维持着江南药市不息的生机，这不得不说是医药界的一个奇迹。

20 世纪 60 年代浣纱河

　　明清五百年的杭州，人丁兴旺，百业昌盛，整个杭州地域的河道经历了新一轮的开凿扩建，形成了城里城外"四通八达"的网络。沿着城郊的河道兴起许多商业市镇，这些市镇不断扩大、加密，逐渐成为今天杭州城的雏形。随着杭州的发展壮大，江南药市的繁荣之势，更是因此达到了一个不可思议的程度。遍索杭城内外，能够有名号的药堂药铺就有数十家，其余的药摊、药贩、药膳、药饮，和走街串巷施医施药的"草头郎中"和"游方郎中"，那更是多如牛毛、不可胜数。当时的杭州可以这样形容：有河流的地方就有人居住，有人居住的地方就有集镇，有集镇的地方必然会有名声响亮的医药号。杭城医药业的发达，由此可见一斑。

　　与其他行业的老字号一样，杭州规模最庞大、名气最响亮、传承最悠久的几家医药号，自然是落户在人烟密集、商贸繁盛的城关以内，紧挨着"四通"布局。"四通"，说的是纵贯杭城南北的四条人工河道，它们自西向东依次排开，开凿年代也渐次近今，分别是：浣纱河、中河、东河、贴沙河。这四条河道间隔差不多都在一千米左右，在水运为主的传统江南，它们就像是今天杭州的高架、快速路和绕城高速，一头一尾连缀着"国道"钱塘江与大运河，是那个时代杭州当之无愧的交通大动脉。

　　浣纱河的历史，在四者中最为古老，它的开浚甚至比杭州建城的时间还要早得多。在春秋吴越争霸的前期，杭州尚是一片沼泽，越王城坐落在萧绍平原，吴王城坐落在太湖之滨，出于军事上和商贸上的考量，两国特地人工开掘了一条联通太湖、钱塘江的运河水道，称为百尺渎。百尺渎可以说是世界上最早的运河之一，当吴国强盛时，它见证了越地的粮米土产被源源不断地输往敌国；当越国崛起时，它目睹了越国的士卒发兵城下，乘船挥师北上。后来吴、越都不复存在，百尺渎却和其他陆续开凿的河渠一道，被后来者加宽拓深，成为江南运河的前身。这时候，百尺渎有了一个新的名字"清湖河"。钟毓龙《说杭州》有载："考隋筑城以前，已有清湖镇，则此河之开盖甚古矣。"隋朝建置杭州以后，人们起初在地势较高、少遭水患的凤凰山脚筑城。到了唐初，杭州的聚落沿清湖河向北延伸至龙翔桥一带，逐渐有了今日上城区的格局。在南宋及之后的朝代里，清湖河改称为浣纱河，又因其在杭城河道中所处最西，因而也被称作"西河"。浣纱河的河源也不再舍近求远取道钱塘江，而是就近在涌金门外涌金闸处，引西湖水入河，一路东行北折，一直流到武林门外入京杭大运河。这样的一条河道，正好经过古时杭州城人口最集中、经济最繁荣的地段，是杭州最重要的水源和交通要道之一，恢宏的景灵宫、太乙寺宫，杭州府、钱塘县等府衙，太学、南宋贡院等均设在浣纱河边。清康熙帝五至杭州，走的也是浣纱河。据清雍正《西湖志》记载：康熙"浚治西湖，辟孤山以建行宫，并疏涌金门城河以达御舟"。近代以来，浣纱河逐渐被污染淤塞，河道于二十世纪七八十年代

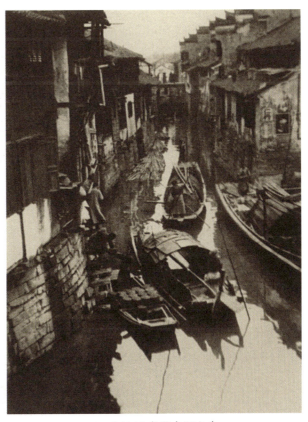

20世纪30年代中河水巷

被彻底填埋，变成了今日车水马龙的浣纱路。

中河在今日，因中河高架而闻名杭州。这一上一下、一古一今的纽带交相辉映，既像是历史的一个美好巧合，也从一个侧面反映了这条南北走向的通道在杭州水陆交通体系中的重要地位。中河的前身始见于唐代。咸通二年（861），杭州刺史崔彦曾在杭州城内首开人工河泄洪走沙，河有三条，分别是外沙、里沙、中沙。三河中其他两条都逐渐被泥沙淤塞，只有中沙河留存下来，几经修拓后，因自北方南下运盐的船只主要走此河，遂被重命名为盐桥河。到了北宋时期，大文豪苏轼出任杭州知州，恰逢城内老运河壅塞，难以行舟，城内的谷米、柴草因此价格高涨，人民生活困顿，于是他发动民工重新开浚茅山、盐桥二河，使公私船只畅通无阻。南宋时，中河南段也扮演着皇城护城河的角色。中河大致位于杭州旧城区正中，河道以西是杭城最古老的繁华所在，河道以东则是吴越国钱氏新修的城池，所居者多为平民百姓，因此中河虽不像浣纱河那般一路鎏金嵌银、高宅大

方回春堂

院，却是一条士农工商四民和乐、商肆繁盛、帆樯不绝的贸易大河，杭州的老字号大多沿着中河而兴起。

就在今浣纱路与中河夹峙的区域，孕育了声名远扬的清河坊。清河坊是以吴山为中心的一片繁华街区，自古以来就是杭州的城市中心和商业中心，后世虽然不再采用里坊制度，"清河坊"之名却得以保留下来。"八百里湖山，知是何年图画；十万家烟火，尽归此处楼台。"明代徐文长的这副对联，很好地呈现了清河坊鼎盛时的万种风情。清河坊的发展与中河息息相关，居民沿河而居，商贾沿河买卖，是杭州市井生活的生动写照，人称"江南第一名坊"。自古以来，杭城有门面的商家几乎没有不在清河坊置地建屋的，医药老字号自然也不例外。传说南宋年间，《白蛇传》的主人公许仙就是这里一家名为"保和堂"药店的伙计。只不过，大多数商号没能挺过宋末和元末的战火纷扰，今天我们能见到的医药号，差不多都是明清以后新设立的。

益元参号

建德市大慈岩镇新叶村种德堂

　　清河坊商圈的重中之重，是背枕吴山的河坊街。明朝万历年间，余姚人朱养心因避兵祸至杭，尔后在与河坊街一墙之隔的大井巷开设"朱养心药室"，绵延四百年药香不绝，是杭州传承历史最为长久的老字号之一。清顺治六年（1649），出身医药世家的钱塘人氏方清怡在河坊街上创立方回春堂，专精儿科医药，以疗效显著的"小儿回春丸"为杭州人所熟知，同时经营着杭州规模最大的药材批发生意之一，历经三百多年风雨仍旧饱受好评。清嘉庆五年（1800），慈溪人张梅在河坊街跨中河的新宫桥下创立"茂昌药号"，后并购经营不善的沈同泰药号，更名"张同泰"，迁至同在中河畔的仙林桥新址；他的儿子、已有举人功名在身的张耐仙子承父业、弃仕从商，把张同泰发展成杭州一流的大药铺，并重回清河坊的靴儿河畔增开益元参号，执杭城参燕业之牛耳。后来的胡雪岩大宅，恰好就和益元参号做了邻居。清嘉庆十三年（1808），同为慈溪老乡的叶普山从刑部离职，在清河坊朝天门外望仙桥购得7亩多的空地，开设叶种德堂。叶普山素来精通医理，

叶种德堂

其传人亦是医商两通，将叶种德堂打造为杭州国药界的翘楚，并于1936年迁至河坊街新址。清嘉庆二十五年（1820），泰山堂创立，悉遵"医德良心、重于泰山"古训，精选道地药材，虔修丸散膏丹，以秘制"中药滋补酒"闻名于世；泰山堂还是杭州首批坚持夜间急诊营业的药号，因此在民间留下"夜巷孤灯暖人心"的美谈。清同治十三年（1874），大名鼎鼎的胡庆余堂在河坊街开门营业。胡庆余堂是商务部认定的第一批中华老字号，也是杭州少有的在全国都具有知名度和美誉度的传统品牌，不仅工艺精湛、医药俱佳，而且始终秉持"戒欺"的经营理念，福泽邻里，享誉八方。1875年同治皇帝去世，是为光绪元年，胡庆余堂创始人、"红顶商人"胡雪岩在望仙桥东侧元宝街营建的"江南第一豪宅"竣工。与此同时，杭城另一位巨贾万嗣轩为圆父亲利济苍生之夙愿，在河坊街中部兴建万承志堂，与胡庆余堂隔街相望。万承志堂与胡庆余堂、叶种德堂并称为杭州药业"三门市"，以丸散药酒最为出名。《杭俗遗风》有录：在杭州药店中，"就其最著称者有胡庆余堂、

叶种德堂内部

叶种德堂之药材，万承志堂之药酒，皆称誉一时矣"。以上七家医药业巨擘，除朱养心药室专攻精制膏药、不事药材买卖外，剩下六家均是医药并举，在晚清时臻于鼎盛。它们每日通过中河贩运收售的药材不可胜数，滋养着小半个江南的药铺营生，被人们誉为"杭城六大国药号"。

　　中河以东，便是东河。东河的起源，历史上向来有不同的说法，有人认为唐时开凿的里沙河与后世的东河有着千丝万缕的联系，不过考古的证据显示，东河的身世还是要从五代十国论起。唐代末年，为了防范涨落无常的钱塘江水，杭州的城址长成了一个别扭的形状：中河就是杭州的东界，西界则到清湖河畔，两者最窄处相距不过三百米，整个城市"形势则南北展而东西缩"，似"腰鼓城也"。吴越国兴起以后，钱王钱镠筑捍海塘，江水退去，新露出的土地"重濠累堑"，有许多天然形成的沟壑，一旦遇上下雨涨水就会变成暂时的河道。之后的几年间，钱王四次"广杭州城"，将杭州城墙的东界一直拓展到一条与海塘平行的沟壑，于是人们因地制宜，把这条小沟疏浚拓宽作为护城河，这时东河才第一次进入杭州人的视野。时间再辗转至两宋时期，东河易名为茅山河，由于城东新开垦的田地盛产果蔬，而当时尚没有一条横贯东西的河道把这些食材水运进城，菜农们便在城门外、东河畔自发地形成一处热闹的菜市场，吸引城内百姓出城购买，因此它又被杭城的百姓亲切地唤作"菜市河""东运河"。

贴沙河的出现，给老杭州千年东进的史诗画上了一道轻柔的休止符。贴沙河仿佛是东河的孪生子，它同样是钱塘江海退后留下的遗存，只是它被杭州人认识和利用的时间更迟、更短。元末张士诚割据江浙，坐镇杭州。为了加强防卫，至正十九年（1359），他征发杭嘉湖各地的民工重修杭州城垣，"昼夜并工，三月而成"。新修的杭州城墙，自艮山门至崇新门，往东又延伸了三里，将宋元以来人口渐多的杭城东郊并东河也囊括其中。此时，站在崭新的清泰门上向东望去，可以看到一条陌生的河。这条河因河道无定，河滩上又都是不能种庄稼的泥沙，所以农户们很嫌弃它，只是简单地把这附近类似的河流都唤作"沙河"或"贴沙河"。杭城里记录水文的官员望文生义，以为此"沙河"即唐代所开的"里沙""外沙"之属，这种讹谬传至民间，大家也都认为这是条千年古河了——实际上那时候的贴沙河道，还泡在钱塘江的水底呢。离城东最近的这条"贴沙河"，接替东河成了杭州新的拱卫者，时间一长，它便独享了"贴沙河"的名号，在遥居城西的杭州人记忆中，留下了关于遥远护城河的依稀印象。贴沙河因壅塞而重新疏浚过多次，嘉靖九年（1530）的那一回，还留下了一方《重开贴沙河记》石碑。可毕竟杭州城中已有三条南北走向的河道，行商走船绰绰有余，东河以东的新城区，也还没有真正兴盛到如清河坊那般热闹，本小利微，因而选择贴沙河行船的人为数不多，让这条河道落了个清净。待到1928年杭州筹备建设自来水厂时，贴沙河反而因为人为干扰少、水质相对清澈，成了全城自来水的备用水源。

东河与贴沙河之间的区域，由于向来远离商业繁盛的市中心，明清两代一直是连片的普通民居，越是往东，越是屋舍破旧衰朽、坍圮倾倒，成了杭州穷苦人家聚居的地方。这里虽然也曾有一些药号医师，但毕竟生意有限，并不能传承长久。1922年，法国天主教会仁爱会修女郝格肋来到杭州。郝格肋留给世人的记录太少，我们不知道她的生卒年月，也不知道她为何而来、何时离去，但我们知道是她变卖了所有家产，在破落的城墙边上购置了55亩土地，用了6年多的时间，开办起一间名为"仁爱"的教会医院，又名"圣心医院"。仁爱医院是当时杭州第二所西医医院，院内的建筑是清一色的红房子，盖房子用的红漆砖头、各色玻璃等建材，都来自遥远的澳大利亚。医院实行家长式管理制度，院长由外籍修女担任，她与郝格肋一道努力，先后为医院争取来资金，陆续设立了X光室、施诊所、免费病室以及一间小学，为医院周遭的贫苦百姓提供身体上和心理上的慰藉。老人们回忆说,到了抗战期间,贴沙河畔这片红砖砌成的洋房,更是市民心中的圣地,病人从四面八方涌到这里,清洗伤口,敷药包扎,接受免费的治疗。中华人民共和国成立后,仁爱医院与红十字会医院合并,将济世救人的理念延续至今。虽然中西医药在器物上有所区别,但仁厚的医道却是相通的。仁爱医院的出现,为杭州本就浓厚的医药文化,增添了一抹兼容并包的色彩。

与城内的"四通"相映成趣的,是杭州城外"八达"的河渠。"八达"带有一种比喻的色彩,说的是以杭州为中心,前往各个方向都有相应的河道可以行船,但这些河道并不是天然就存在的。在北宋以前,杭州的北部主要是泛洋湖等水域,早期的北行运河如上塘河都需要穿湖而过;杭州的西部濒临西湖,而在西湖的北岸、今宝石山下,则还是泥泞不堪的沼泽池塘,到二十世纪七八十年代疏浚杭州城内河道时,政府还要把清理出的淤泥运送到古荡、文二路地块,以此填平那里湿地的沟塘。向东南越过钱塘江,今滨江、萧山两区在很长时间里都没有建设如

清代内河水运图

西岸捍海塘那样的防海大塘，变幻无常的钱塘江经常洪水肆虐，将浙东运河的末梢河段反复淤塞。就是在这样艰难的自然环境里，勤劳勇敢的杭州百姓持续千年挖河筑塘，将淤积在宝贵土地上的河沼水疏导排干，在地势较高的塘面上沿河兴建街市，逐渐用自己的双手从杭城的郊野泥淖中，挣出了一条条流水潺潺的河道、一处处人声鼎沸的市集，还有那一间间星散四方、余香袅袅的医药字号。"一水穿镇，石桥横卧，傍河筑屋"，正是杭郊小镇群落们的生动写照。

如今人人皆知西溪湿地，反倒是赋予其姓名的西溪河（简称西溪），渐渐只有打小熟稔故土风物的老杭州们还时常挂在嘴边。和杭州城郊许多同类一样，西溪在古今各种志书、地图上的命名表述很不相同：大气点儿的，叫"杭川"，大约想突出它作为杭州城西方向主干河的地位，闲林、蒋村一带的农副产品和丝织品，古来就通过这条河道源源不断地运往他处；文气点儿的，叫"留下溪"，因为宋高宗赵构南逃到杭州时，一日行舟此河散心，被周围一派湿地风光所打动，不禁说出"西溪且留下"的千古名句；土气点儿的，叫"沿山河"，强调的是它在古荡至松木场段与宝石山相毗邻。但最广为人知、简单明了的称呼，还是与"西湖"一脉相承的"西溪"。

西溪如一条丝线，串起了杭城以西如明珠般的村落市镇，其中最繁盛的一处就是留下老街。自宋至清，依托着西溪带来的恩惠，留下老街成了杭州西部出入的咽喉，始终百业兴旺、商业繁荣。近代以来，或许是西溪带来杭城药香的熏染，在留下这处只有几条街巷的古镇，医药业界也称得上是"麻雀虽小，五脏俱全"：中药店铺有世安堂、仁寿堂、王源兴等，西医有张之江诊所，外科有李春荣诊所。被黄炎培先生赞誉"中西法治一炉新，日夕辛苦为人民。浙江农村行一遍，家家争颂叶熙春"的杭州名医叶熙春先生，最早即在王源兴药室坐堂行医。

西溪以北数里，在市区西北方相对开阔的平原上，流淌着宽敞大气的余杭塘河。余杭塘河开凿于隋大业年间（605—618），是隋炀帝贯通京杭大运河重要的支系工程，也是古代余杭县的主要航道之一，河道既宽且深又长，今存19.8公里，能行大船，历史上商船云集、航运发达，因其修筑乃政府领衔督建，故百姓也叫它"官塘河"。清嘉庆《余杭县志》有载："余杭塘河在县东南二里，阔三十步深一丈许，连南渠河，自安乐桥四十五里至杭州之运河。"南渠河修筑于元朝末年，是吴王张士诚率20万军民历时十年所建，"宽二十丈"，沿途余杭、仓前、蒋村等地所出的大米土产，自此可以走南渠、转余杭塘河大量输往北方，因而余杭塘河也被称为"运粮河"。

余杭塘河作为杭郊除大运河外的第二大人工河道，自然也孕育了一众古街聚落，比较有名的就是仓前老街。仓前是个有800年历史的古镇，顾名思义，"仓前"就是"粮仓之前"。由于此地盛产大米，南宋绍兴二年（1132），官府在街北建设临安便民仓。传统堪舆以南为前，所以这个原名为"灵源"的富裕小镇就改名为"仓前"。仓前的医药字号里，最出名的要数"爱仁堂"，它的主人钱坦在清末时被卷入名动天下的"杨乃武与小白菜"一案中，含冤而死；冤情平反以后，钱氏子孙继续经营药号，直到1956年并入镇供销社，药号老宅本身则保留至今。1926年，诸暨爱国商人周师洛看中余杭塘河航运便利、土地平坦、水源充足，遂在此创办中国最早的民族西药厂，名为"民生"。民生药厂克服了创业初期的各种艰苦条件，逐渐发展成能与上海的海普、新亚、信谊并称的中国"四大药厂"。抗战期间，周师洛辗转于沪、浙、赣、皖、闽五省市，数次陷于左支右绌的窘境，幸而最终坚持了下来。新中国成立后，药厂多次改组重建，逐渐成长为国家大型骨干制药工业企业。2006年，杭州民生药业集团有限公司跻身第一批"中华老字号"，与老城里头那些久负盛名的老药号一样，无愧为杭州医药行业迈向新时代的颜面与担当。

无论是余杭塘河还是西溪，它们的终点都是汇入京杭大运河。京杭大运河的历史自不必多说，而运河杭州段无疑是这条伟大河流最精彩的收尾。北迄北新关外拱宸桥，南至武林门下卖鱼桥，这一河段曾是盛极一时的南北货物集散地，人丁兴旺，码头、埠口星罗棋布，市镇接连成片，在杭城以北形成"十里银湖墅"的繁华景象。天禄堂，由宁波范氏富商创立于清道光二十九年（1849），位于卖鱼桥以西，是这一地界医药老字号的代表。天禄堂占着临近运河的地利，专营中药材采买转售，选货精良，名贵药材齐备，业务足以与城内大药号抗衡。1873年，天禄堂扩建重修，并与漕运联合打理码头生意，买卖更加兴隆，不但连胡庆余堂、张同泰、方回春堂这样的药业大家都要到天禄堂这儿进一些道地药材，就连杭嘉湖一带的人们也不辞辛苦，划着小船来问诊卖药，当时素有"武林门外天禄堂"的美称。直到今天，天禄堂仍历经风雨而不绝，获评"浙江省老字号"，深得运河两岸百姓的青睐。

大运河在武林门外拐了个大弯，就此一路东去，归入钱塘江。当它流经老杭城的东北角艮山门时，地势南高北低，南岸有东河和中河合流汇入，北岸却恰好也开了个口子，让古老的上塘河分走了大运河最后一杯羹。上塘河是杭州最古老的运河之一，河网复杂，支系众多，其中有一条从打铁关起一路向东北延展、最终又回到上塘河的支流，堪称今日杭州东北方向的主河道，这就是备塘河。据《临安志》记载，备塘河始凿于南宋，起初为了纪念主持开河的蔡汝揆，因而被称为蔡官人塘河。蔡汝揆是笕桥人，备塘河正是他为了让家乡与杭城水系有一条连接的纽带而出现的，这是一件功在千秋的大好事。自此以后，杭城的东北地区有了自己的水运命脉，还为当地的农业灌溉、排涝及生活饮水带来了极大的便利，原先的郊野如今"风摇碧浪层层，雨过绿云绕绕"，整个笕桥地区就此焕发出新的生机。清代文人郑江有首《蔡塘河舟行》："出郭霡微雨，清川荡小舟。鸟栖原上树，人倚水边楼。径草通春亩，篱花媚素秋。沙河塘稍北，最称结庐幽。"

备塘河滋润了笕桥，笕桥则让备塘河的每一滴水都洋溢着浓郁的药香。笕桥一带历来就盛产各种药材。传说当年吕洞宾外出采药时，不慎将携带的药囊打翻，药囊中的各色名贵仙药就飘落下来，从此这块土地上生长的药材不仅品种多样，而且品质优良。宋代时笕桥产的紫苑、吴茱萸、续随子、麦冬、山栀子、草决明、甜葶苈等共十三种，曾为贡品。当天然生长的药材采尽以后，当地的乡民就开始自己大量种植药材。直到20世纪60年代初期，在笕桥万花塘边还有一位名叫魏武德的药农，以种药材为生。他的药材地里姹紫嫣红、蜂飞蝶舞，煞是好看，还没走近，远远就能闻到一股浓浓的草药香味。有人种药，当然也有人收药、卖药。清时，杭城以东有许多自发形成的药材市场，仅在笕桥街上，就曾有沈广元开的颐和堂、冯应照开的恒寿堂、郑金木开的公一堂、冯耀坤开的春生堂、陈良卿开的寿生堂，还有叶通和药店、保生堂、徐家药材收购处，以及专用中草药治疗跌打损伤的易国祥骨伤铺等。一到药材成熟的季节，市面好不红火。笕桥的医药业如此兴盛，也引得文人墨客吟咏留念。清代文人翟灏曾有《笕桥药市》一诗，赞叹道："何用灵山采，村墟药品稠。绛芽和露摘，红甲带泥收。梅福里相似，桐君录可修。无求身自健，桥畔漫优游。"

钱塘江杭城此岸，可谓是"条条河道传医药，恰似人间小蓬莱"；而大江的另外一头，亦是不甘示弱，丹药飘香。历史上，钱江东岸最重要的河道是官河。官河亦是一条人工河，它与浙东运河一样，开凿于两千多年前的吴越争霸时期，算是浙东运河的源头。东晋避祸江南后，会稽越城即今绍兴是很多世家大族居住的地方。为了加强会稽与东晋首都建邺即今南京之间的交通联系，人们挖通了这条河流与钱塘江之间的水道，官河彻底成型。到了南宋建都杭州时，官河已经成为沟通萧绍的重要水上漕运通道。起初，官河因过西兴古镇，被称为西兴运河，后因历朝历代都由官府主持修浚此河，民间就把它称为"官河"。也有人说，古时书生上京赶考，很多都是坐船沿着京杭大运河去北京的，当时这河道上有个码头，书生又都是在这里上船赶考，所以大家就把这条河叫作"官河"了。

明清时期，为了防止汹涌的钱江水带着泥沙涌入河道以至淤塞，人们在官河连接钱塘江的地方修筑了永兴闸，将两水隔开。因此，平日里东去西来的商船，必须在闸前停靠卸货，由人力、畜力把货物搬运到闸对面的船只上。这一兴盛的货物转运行业，就是"过塘行"。有文献记载：萧山在明万历间（1573—1620）即有过塘行，清末民初，过塘行陆续增多。西兴过塘行是萧山最早发展起来的，在明代就有，只是繁荣发育却在1842年"五口通商"以后。那时西兴正处于上海、宁波两个开放城市的中点，客货运输空前繁荣，过塘行便如雨后春笋般发展起来。据《西兴镇志》载，自清末至民国时期，镇上有过塘行72爿半，各行都有大体的分工，其中专过茶叶、烟叶、药材的就有来锦标、孙太和等4家。

官河同时与长河相连。长河，又叫槐街河，因当地槐树多而得此外号。长河亦有长河古镇，二者的关系与杭郊其他地方有所不同：先有来氏家族聚居建镇，后开河以济交通。相传古时镇北有龙潭，时有"恶龙"作乱，人们开河造桥以镇恶龙，此河较长，穿镇而过，故名"长河"。清末民初时，官河的繁荣也带动了周边长河的发展，镇上店铺一间挨着一间，做买卖的吆喝声从早到晚不绝于耳，其中较著名的医药号，有咸春堂药店、养元和药店、亦仁堂药店三家，出产的膏丹丸散享誉钱江南岸。

三、河医相彰两得益，物换星移几逢春

表面上看来，只有河道沉默不言地流淌，为医药带来繁荣与商机，而杭城的医药行当，却对河道没能有什么感恩和回馈：这其实是不准确的。在杭州，河道与医药，相依相存上千年，早已经是水乳交融的关系。跌宕起伏的历史告诉我们，医药因河道而繁荣昌盛，河道亦因医药而得以存续，河道兴则医药兴，医药废则河道废，两者早已脱离原本的物质载体，内化为这座城市熠熠生辉的精神信标。

杭城医药之兴，起于河道带来的人与药。用今天的话来说，杭州规模稍大的医药号，做的都是一种"两头在外"的产业：卖药的市场主要在于通过河道往来四方的百姓、商人，制药的原料也大多依托水运的外来药材。因此，这些老字号没有一家不是沿河而居、枕河而市的。

若细说"人"的方面，除了常客日用所需的基本销量，河道在特定的时节还能聚集大量的人流。每逢杭城香市，钱塘江上游的上八府乡绅，必要先走水路停靠城南的三廊庙码头，或后来的南星桥"浙江第一码头"，然后改乘小船走内河去

内河油画

往吴山、三天竺；江北的三府，则多走大运河南下，借道古新河、松木场河停船。有诗人这样形容当时的盛景："春风淡淡春日长，三竺络绎人进香。香船弥望不可纪，一一衔尾松木场。"这时候，杭城名声在外的医药铺子，就会特意赶制一批包装精美、质量上乘的常用膏药，吸引香客购买作为回乡的伴手礼。比如说，朱养心药室出产的上乘狗皮膏药，民国时价高到七个大洋一张，但往往一个香市下来也能销售一空。年节时医药业的生意兴隆，就此大可管中窥豹。

再论"药"的方面，原本杭州与苏南地区相比，在经济上和交通上并没有能够独揽江南药市大名的优势。但杭州背山面水、湖山环抱的格局，本身就适合多种名贵药材的生长。据专业统计资料显示，杭州本地出产药材有七十余种，尤以余杭和笕桥为两大草药种植业的中心。余杭在近代被称为杭县，此地大规模种植杭白菊、荆芥、元参、白芷，并由本地商号收购、加工后大量销往外地，世称"杭四味"；笕桥药材生产的单一规模虽不及余杭，但种类却更多，其中有十八种药材最为上乘，被称作"笕桥十八味"，有麦冬、玄参、地黄、薄荷、草决明、千金子、白芷等。除此之外，杭州所在的浙江全省，自古七山一水二分田，也是全国知名的药

21

材产地。例如中医中重要的白术、白芍、浙贝母、杭白菊、延胡索（元胡）、玄参、笕麦冬、温郁金这八味药材，就以浙江出产的为上佳，被称为"浙八味"。这些能够就近通过河道到达的优质药材，也是杭城医药业兴旺发达的一大保证。

河道上的桥梁，也在千年的发展中与医药业产生了丝丝缕缕的联系。河流水系虽然方便行舟，对走路的行人而言却是一个阻碍，因此，杭城内细如丝发的水网之上，横架着成千上万大小不一的桥梁。人们需要通过桥梁跨越河道，桥梁带来的人流量自然也吸引了商户在桥下开店设市。为求集聚效应的加持，不同的桥市专营不同的行当，而望仙桥会馆河下由于药材商户众多，于是就形成了公共的药材批发市场。在文学作品中，桥与医不经意间也会相遇。清代诗人黄模的《大街晓行》诗云："郭医门外绿成阴，鹅鸭桥头晓市深。知否夜来河水长，梓花和雨浸街心。"郭医，指的是当时的钱塘名医郭思贤在桥头开设的医馆；而鹅鸭桥，本名和合桥，跨小河。中河上有一座嵇接骨桥，民间传说是为纪念南宋名医嵇清所建；在京杭大运河支流西塘河上，胡庆余堂的主人胡雪岩，应堂中伙计的恳求捐建了古星桥。

嵇接骨桥

为有源头活水来

　　从二十世纪八九十年代开始，在杭州市政府的大力组织下，人们从中河、东河入手，重新疏浚被污染的内城水系，还河道一个清白的面貌。紧接着，新世纪的钟声响起，杭州"国药六大家"逐一恢复了原有的字号，重开旧时的门店，妆点昔日的花窗，把杭城的老底子用现代的手法收拾妥帖后，笑迎天下客。

　　河道与医药的振兴，是杭州现代史上具有标志性的事件。世易时移，物换星移，这一次河道和医药的复兴，并不是对历史简单的重演。河道轻轻放下了航运的重任，向着城市亲水景观进行华丽的转身；老药号的未来不再抱着招牌坐吃山空，制度公司化、研发科学化才是正确的前途。河道环抱着老字号，那是杭城独特的人文价值与美学底蕴。它们在回归路上的坚定步伐，恰似向全世界骄傲地宣告：中国传统城市的格局产业，只要经过精心的修剪改造，仍能与现代城市生长的轨迹完美契合。水声泠泠，花药齐馨，数千岁的杭城，仍然年轻，又将迎来新一个姹紫嫣红的明媚春天。

胡庆余堂：药在江南仁在心

柳永《望海潮》中的"东南形胜，三吴都会，钱塘自古繁华，烟柳画桥，风帘翠幕，参差十万人家"，说的是杭州。白居易《杭州春望》中的"望海楼明照曙霞，护江堤白踏晴沙"，说的也是杭州。不论是古之钱塘，还是今之杭州，都是人间天堂。

吴山北麓原是河坊之地，兴于宋、盛于清，纵览碧波风云，阅尽年华沧桑。在这风光独占、岁月悠长之地，梧桐掩映、清波粼粼之滨，人才辈出、灵沉气聚之处，胡庆余堂建成了。丝丝药香、缕缕古色，相得益彰。胡庆余堂创立于1874年，在这百余年的风风雨雨中，它从鼎盛到飘摇，从飘摇到复兴，无一不在述说着一句话：我在，我在传承。2006年，胡庆余堂中药文化入围首批国家级非物质文化遗产名录，国药号也被商务部认定为首批中华老字号之一。如今的胡庆余堂早已成为集历史风貌、人文特征、观赏价值于一体的中华老字号，也是全国唯一一家双国宝单位。

从创立伊始，循着本心，走到如今的胡庆余堂留给后人的不只是恢宏的建筑，还有医者仁心的风度、传承坚守的毅力。它所传承的是中华民族古老的优秀传统，也是中国社会主义核心价值观的体现，胡庆余堂的价值在于它的风骨。

一、吴山脚下立仙鹤

胡雪岩在筹建胡庆余堂期间，在杭城大井巷购地8亩有余，邀京、杭两地建筑名匠尹芝、魏世莆等人设计建造。经名师巨匠设计修建的国药号，是典型的徽派商业建筑，中有江南庭院之风，总体为三进格局，平面略呈矩形，俯瞰则形如仙鹤。鹤自古以来便喻有长寿之意，而在《诗经·小雅·鹤鸣》中则有"鹤鸣于九皋，声闻于天"一句，蕴含事业腾飞之意。

　　而胡庆余堂的名字也有一番来历，相传，胡雪岩祖上的堂名（这一支的称呼）叫安定郡承庆堂，可是胡雪岩并不想用这个名字，几番苦思不得。后来，他在母亲礼佛的佛堂看见一对联，上联为"积善之家"，下联为"必有余庆"。"积善之家，必有余庆"出自《周易》"积善之家，必有余庆；积不善之家，必有余殃"。胡雪岩看了不禁大喜，"余庆"不正是自己所希望的吗？便高兴地与母亲商议想要定药堂的名字为"余庆堂"，胡母听到后急忙劝阻道："万万不可，余庆堂是秦桧府邸的

胡庆余堂外景

名号，以此为名恐遭世人唾骂。"胡雪岩听后大惊，心想幸亏与母亲商议一番，不然这药堂也要背上千古的骂名！但是他又不舍"余庆堂"的名号，便考虑再三，决定反其道而行，将药堂名改为"庆余堂"。

胡庆余堂石碑

至于胡雪岩创立胡庆余堂的初心，没有人能说得清楚，但是主流的说法都认为胡雪岩是"一怒创堂"，也难怪人们这样说，因为这里面其实还有着两个故事。相传有一年夏天，胡雪岩的母亲因炎炎夏日，溽暑难消，旧疾复发。仆人赶忙告诉胡雪岩，胡雪岩急急忙忙请来郎中为母亲医治。郎中诊脉后对胡雪岩说虽不是致命的大病，但是老人家

浙江省非遗基地

身体羸弱，不宜拖延，需尽快煎药祛病。胡雪岩听后赶忙派下人去抓药，仆人接过药方，赶紧去药堂抓药，路上不敢有半点耽搁。到达药店之后，仆人却发现药堂门口已经排了很长一队，他心想老夫人如今病重不比其他抓药的人，便上前与伙计说能不能先给自己抓药，但店里的伙计却置之不理，仆人只好排队抓药。可是没想到这一等就是两个多小时，等抓完药，天色已晚，仆人马不停蹄地往回赶。刚到门口就遇见了胡雪岩，胡雪岩终于松了一口气，但瞬间火气就上来了，药堂虽然不是几步就到，可也不至于抓两个小时，便一边亲自把药拿进去煎，一边责怪仆人抓药太慢。仆人连忙辩解说并不是自己有意耽搁，便把在药堂经历的一切告诉胡雪岩。胡雪岩心想自己母亲重病，按理来说抓药也要看病人病情之急缓有所调

叶种德堂

度，而这药堂竟然把病人的病情置于一边，死守陈规旧例，幸亏没有拖得过晚，不然这就是失去一条生命的大事，便怒火攻心，吼道："此欺我无药堂乎！"于是在这一怒之下，胡庆余堂就这么成立了。

此外，也有说是因为当时国内战乱频频，兵燹遍地，瘟疫四起，殃及百姓，祸及军队，西征大帅左宗棠着胡雪岩操办军中短缺药物。经人介绍，胡雪岩到当时的名店叶种德堂采购相关药物，却遭百般敷衍推脱。再之后胡雪岩爱妾患病，派人前去叶种德堂按方抓药，带回后发现药已发霉，就派下人前去调换，却被叶种德堂的伙计拒绝，并且反讥："要好的药除非你家胡大先生自己去开家药铺。"胡雪岩知道后非常生气，便斗气开了胡庆余堂，这便是所谓的"一怒创堂"的传说。

但是，这两个故事终归还是传说，关于胡雪岩创立药堂也是有相关历史记载的。胡雪岩曾孙胡亚光在其所写的家族回忆录《安定遗闻》中，说战争结束后，胡雪岩"乃设难民局以安之，立掩埋局以清理之……救疫疠则施丹药以消弭之……"虽然关于胡雪岩创立草堂有不同的理由，但是也能发现它们之间的共同点，这几个故事都能看出胡雪岩创立药堂本质上都是为了行医济世，救死扶伤，行善事，积功德，让老百姓能真真正正地用上好药。

虽然胡庆余堂的成立理由来得草率，但是胡雪岩在准备建造胡庆余堂前，可是下足了功夫，做足了准备，从开始修建到最终竣工都费了很大心思。谋计划、定方针、制规划、探宝地、寻良木、建深院、择人才、邀名医、集古方、验药效、请药商，每一步胡雪岩都不敢怠慢，力求最好。

胡庆余堂至今仍为人称道，还得益于它在艺术和文化上的巧妙构造。胡庆余堂在建筑艺术上兼具了北方宫廷建筑的气派和江南徽派建筑的精巧华丽，大处尽显北建之气派，小处透显南建之别致，南北建筑文化在胡庆余堂相互渗透，互相碰撞交融。而在文化上，胡庆余堂每一处都透露着独特的东方文化内涵。就如胡庆余堂内部的房梁上刻绘着众多的人物花卉，栩栩如生、神形具备，俨然一部中国中医历史文化的史书。这些刻绘大多采用木刻或木雕，胡雪岩在这上面也是大费工夫，不仅请来了名匠，单单就这个木材就颇有来历，最有名的就要数当年向慈禧太后求得的本应该用于修缮圆明园的柬埔寨铁超木的故事。清咸丰十年（1860），英法联军攻打北京，劫掠一番后，将圆明园付之一炬。同治继位后欲重修圆明园，以此转移慈禧太后紧盯朝堂不放的视线，于是便从柬埔寨等国购回铁超木等上等木材。当慈禧太后看破同治用心后，决意卖掉此批木材。曾在北京设计建造王府并出任胡庆余堂建筑设计的尹芝知道后，便将此消息告知胡雪岩。胡雪岩闻后大为惊喜，忙备妥重礼托尹芝上京，代为疏通恭亲王的门路，以求良木一用。慈禧太后经恭亲王得知欲购之人为胡雪岩，且为建造药堂这一善事，便准其所求，经运河将良木运抵杭城。质地细密的铁超木，不易腐败，不惧蚁蠹，即便以火烧之，也只会冒白烟，不会起火花，有良好的阻隔火势蔓延的作用。此批良木经名工巧匠之手，未用一枚铁钉，仅仅凭借榫卯结构，便搭起了胡庆余堂的整个筋骨。经百余年，未见腐败，亦未受白蚁侵蚀。即便堂中偶有梁柱较之以往有所偏移，但整体建筑仍固若金汤。因为在榫卯结构自身的横牵力作用下，梁柱内部会进行自动调整，保建筑千年不倒。除此之外，胡庆余堂在设计、建造时还极为重视防火这一点，制定了周密的防护措施。除却四周高大的封火墙用于隔火以外，堂中多处还摆放着大水缸，下雨时，用于蓄水，不幸遇火时，也可就近取水灭火。此外，在二进的堂内还设有一井，用于日常制药。此井与大井巷中的钱塘第一井相通，哪怕久旱无雨，井中依然清水深深，至今仍为活水，可供使用，后人为防夏季酷暑高温，在堂内设喷淋系统时，所使用的便是这井水。当时员工取井水喷洒

胡庆余堂建筑

在瓦片上，一周之后，却意外发现瓦片略微泛黄。一查之下，才发现井内已有一层三五十厘米的早期药渣沉淀层，当含有药物成分的井水遇上屋顶的瓷瓦片，在氧化作用下，瓷瓦片便悄然变黄。种种举措，皆为保胡庆余堂无虞。

　　除了防火的巧思外，胡庆余堂对于防潮泄水也极为重视，其自有一套体系，就算是杭城大雨之时，雨落堂内，只闻水声，不见积水。每逢落雨之时，雨水沿着屋顶向内倾斜的瓦片直接流入堂内，取四水归堂之意，即肥水不流外人田。而地面上，有着一个个专门设计成铜钱状的排水孔。雨水落至地面后，经铜钱状的排水孔流进深埋地下的管道。说起这管道，则不得不赞一声古人的非凡智慧。前人不仅将深埋在地下的管道开了槽，还在其中养起了乌龟这一天下长寿之灵物。生活在管道内的乌龟，担负起清道夫的职责，负责清理掉随雨水流进管道中的泥沙、植物等杂物，保证管道的通畅。每当天晴云淡之时，不时地还能看到几只小乌龟爬出铜钱口，上来溜达一会。而且在墙角处设有透气孔，大雨过后，可以尽快地排出湿气，以防湿气过重腐蚀老宅根基。其种种设置，便是在杭城的暴雨时节，堂内亦能清清爽爽一身，足可见当年的巧思之妙。

也正是这些巧妙的心思，使得胡庆余堂处处体现着学问与文章。因此，胡庆余堂绝不仅仅是物质上的成就，也是文化上的成就。尽管时间匆匆流逝，但是胡庆余堂骨子里透露出来的内涵是被后辈所见证和传承的。从外面看，胡庆余堂的四周拥有高大的封火墙，墙高12米，长60米，墙上书"胡庆余堂雪记药号"八个大字。但随着时代的变迁，"胡庆余堂雪记药号"改为"胡庆余堂制药厂"，后来章其炎先生在墙上写了"胡庆余堂国药号"七个楷体大字，每个字有20平方米，字写得漂亮整齐，可以算是一则很大的广告。如此高大的墙不仅仅是为了防火，更使得药堂成为一处僻静之地，隔离开市集的喧闹，医生便可以安心会诊，药童也能安心抓药。

进门入内，也与各地药店有所相异，非是中药柜台，非是营业大厅，而是一门厅，此门厅即为"鹤首"。在门厅的正中间还摆放着一块一人多高的楠木牌，上书"进内交易"四个鎏金大字，远看似个个突出，近看才知字字凹进。自门厅左拐，为一曲折长廊，即为鹤颈长廊，长廊左侧设有一排红漆"美人靠"，廊外竹翠石奇，典雅灵秀。廊内右侧则是一溜三十六块黑底金字药牌，上写三十八重中药名称、各色丸散膏丹名及其主治功能，于无声中将胡庆余堂名药广而告之。而在长廊的尽头处则为一凉亭，红柱翘檐。长廊所在既为顾客、游人提供了小憩之所，又为其提供药品知识，加深了人们对中药文化的了解。

经鹤颈长廊便可进入营业大厅的门楼，由此便从位于建筑群东端的正门到了坐北朝南

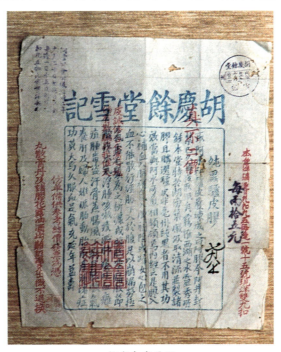

胡庆余堂雪记

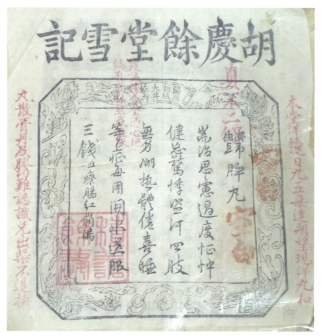

药单老照片

的营业大厅门楼，满足了对风水朝向的要求。门楼上挂着"药局"匾额，这一匾额也有着两层用意：一是为了证明胡庆余堂全面继承了南宋官方制药机构——太平惠民和剂药局。据了解，早在胡庆余堂筹备期间，胡雪岩便延请各地名医在《太平惠民和剂局方》的基础上，集古方，验药方，收集了丸、散、膏、丹、胶、露、油、药酒等四百多种药，汇编成《浙杭胡庆余堂雪记丸散膏丹全集》一书。二是说明药堂规模之大，兼营药号（原产地进货的店铺）、药行（药材批发的店铺）、药店之事。在朝廷默许的情况下，胡雪岩凭借其红顶商人的独特地位，方才挂上了全国唯一的一块"药局"匾额。

　　进了门楼，便可望见熙熙攘攘的营业大厅。营业大厅前设天井，上为玻璃顶棚，左、中、右三方都是两层楼台。两侧均为一水的红木柜台，柜台后则是百眼橱，百眼柜是用于盛放药材的一组高大的组合式抽屉柜，只要是开药堂的必定会有此物。营业大厅之后为"耕心草堂"，乃店中管理人员日常办公所在。第二进则为药材加工作坊，建筑均为五开间重檐，四面环接，底层设回廊相通。第三进则为药材库房，一通到底，便于药材搬运。细货房、中货房、粗货房等各式药材加工用房分布在主楼及其附近。此外，胡庆余堂还有一鹿园，位置便是在长廊尽头的附近。

虽然胡雪岩是刚刚接触药业但是出手阔绰，无论是店堂内的设计还是店内装饰心思都非常巧妙，在这里，每个厅堂都有相应的匾额，每个石柱上也都有对联，高雅脱俗，别具一格。在二大门的背面刻有"是乃仁术"四个字，意思是讲制药业是普济众生的事业，这也是胡庆余堂的宗旨。在大厅的两侧挂有"益寿引年长生集庆，兼收并蓄待用有余"及"庆云在霄甘露被野，余粮访禹本草师农"两副对联。不难看出在这两副对联中都有"庆余"两个字，第一副是在联尾，第二副是在联首。旁则有"七闽奇珍古称天宝，元霜捣臼玉杵奇功"对联，从这副对联中也能看出名药的艰辛采集和精细加工的过程。"真不二价"的匾额，既展示了店主的自信，也是对顾客的承诺。这里所有的匾额都是朝外悬挂的，但是有一块匾额却不同，它朝里面悬挂。那么，这是一块什么样的匾呢？这块匾额，上书"戒欺"二字，笔力非凡，却朝里而挂，面向药房和经理室。有人问胡雪岩为何如此？胡雪岩道："药业关系性命，万不可欺。余存心济世，誓不以劣品谋厚利，要每一职工都明此理，抬头即见此二字。"听者无不感叹。胡雪岩又在店堂内设了一只大香炉，名"焚药炉"，平时供顾客点吸旱烟，如顾客发现不满意的药品，均可投炉焚烧，另换新药。一次，有位香客来买避瘟丹，他闻药后觉得气味不正，皱起了眉头。刚好被胡雪岩看到，胡雪岩当即向顾客道歉，并将药掷进炉中，可是当日的避瘟丹恰好售罄了，胡雪岩知顾客路远，来去不便，于是留他住下，保证三天内将药赶制出来，胡雪岩甚至还亲自款待顾客，带他了解当地的风土人情。三天后顾客拿到赶制的新药，得知接待他的就是大名鼎鼎的胡大老板，感激涕零，他回乡后便四处宣传胡庆余堂买药不欺客，一时传为美谈。

"戒欺"匾是胡雪岩留存世上的唯一真迹，他的跋文告诫堂内众人："凡百贸易，均着不得欺字，药业关系性命，尤为万不可欺……"胡庆余堂历久弥新的答案尽在其中。

二、馆中有馆现昨日

如今，胡庆余堂的身份不只是一家老字号店铺那么简单，它还是一家中药博物馆。20世纪80年代，浙江省政府打算打造四大博物馆，分别是中国丝绸博物馆、南宋官窑博物馆、中国茶叶博物馆，以及中国中药博物馆。专家在考虑中药博物馆的选址时走访了多个商家店铺和古建筑群，在进行实地走访时发现了胡庆余堂，这是中国老字号留存至今的唯一的一座晚清工商型建筑。不仅如此，胡庆余堂所传达的中医药文化一直在不断传承，很多药方到如今也很具有实用性。从这方面来说，胡庆余堂可以算是中国中医药的代表。因此，省政府和专家们讨论将胡庆余堂作为中国中医药的博物馆。但是为了保留胡庆余堂的名号，他们并没有将胡庆余堂的名字强制修改成"中国中药博物馆"，最终以"胡庆余堂中药博物馆"为名进行挂牌。之后胡庆余堂进行一系列改建，成为国家二甲博物馆，在馆内精心设置了中药起源、陈列展厅、中药手工作坊、营业大厅、药膳馆五个区域。进入胡庆余堂，可观故居风采，览中药精粹，知药堂历程，辨中药是非，昨日今日现，昨事今人明。

　　胡庆余堂能够取得今日的成就离不开它的创始人胡雪岩，胡雪岩是晚清时的商业奇才，世称"红顶商人"。胡光墉（1823—1885），字雪岩。少时家境贫寒，无以读书，放牛为生。他13岁时离乡前往金华，后改去杭州的阜康钱庄做学徒。正所谓"是金子总会发光"，就算是做一个小小的学徒，他也总比别人做得认真仔

胡庆余堂中药博物馆

细，办事能力和效率也同样超过其他
学徒。因此，没过多久，他就得到了老
板的赏识，从一开始的"跑街"晋升为
"出店"。因为膝下无子，老板临终的时
候将生平财产送给胡雪岩，这也是胡雪
岩获得的人生第一桶金。

可是，胡雪岩最后能成为"红顶商
人"，光靠自己是不够的，还需要靠贵
人提携。而胡雪岩的第一位贵人，也是
他自己"相中"的，他的第一位贵人便
是王有龄。胡雪岩与王有龄的故事还要
从一间茶馆说起。相传胡雪岩为了觅得
商机，经常去人来客往、信息流通的茶
馆闲坐喝茶，去的时间久了，他注意到
了一个穿着褴褛的人，此人虽然穿着不
讲究，面黄肌瘦，但却有着与一般人不
同的气质，他大惊并断定此人并非池中

胡雪岩

之物。胡雪岩便上前与他攀谈起来，后来才得知原来他叫王有龄，是福建人，本来
是官宦人家，后来家道中落，无奈之下王有龄父亲只得走另外一条路——捐官。
王有龄的父亲变卖家产给王有龄捐了个官，叫作盐大使，但这也只是虚衔，要想
得到实位还需要再花一些银两。胡雪岩心想，若替此人谋得实位，他一定会有一
番成就，自然也不会忘记自己对他的恩情。于是，胡雪岩便偷偷瞒着王有龄筹得
了五百两银子，找了个请他喝酒的借口想要当面把钱交给他。王有龄大惊，萍水
相逢的朋友怎么会对他这么好，便说："胡先生为什么愿意帮我？"胡雪岩说："朋
友嘛，你有难处我心里难过，不拉你一把我睡不着觉！"王有龄感激涕零，最终当
上了一个管海运的小官。王有龄虽然在刚上任时处处碰壁，但后来经过胡雪岩的
帮助，再加上自己身处官场慢慢摸索到的经验，他的官越做越大。官运亨通的王
有龄自然没有忘记雪中送炭的胡雪岩，所以王有龄一路帮助胡雪岩，胡雪岩的生
意也一步步做大，为之后成为"红顶商人"添砖加瓦。

当然，要支持起胡庆余堂的发展仅仅靠胡雪岩自己是绝对不可能的。因此，
胡雪岩便广泛招揽人才，求贤若渴，一度传出"三聘经理"的佳话。胡雪岩聘的
第一任经理能保胡雪岩一年稳赚十万，聘的第二任经理主张先小赚后大赚，但最

胡雪岩故居

终胡雪岩都没有录用他们。直到胡雪岩见到了松江县余天成药店老板余修初，才下定决心任用他为胡庆余堂经理。初次见面，两人面对面地坐着，桌上放着两盏清茶。胡雪岩直视余修初，慢慢道："鄙人不才，欲在杭城建一药店，想请教先生之高见。"余修初闻言，端起桌上的茶盏，以茶盖轻抚茶叶，喝上了一口，缓缓道："您若是想赚快钱，烦另请高明。"此言一出，胡雪岩大惊，对其道："胡某不缺钱，只是想为着百姓做点实事。"得此一言，余修初认认真真地看了胡雪岩片刻，沉声道："欲建一好店，药材、药才，缺一不可，还需多行仁义之事。如此这般，三年无所盈利，只有一名可得。待名好声响时，这利自然也就来了。"余修初一语惊人，胡雪岩当场拍板，聘请余修初出任店中经理一职，也就是后世所说的职业经理人一职。

除寻掌事之人外，胡雪岩还遍邀制药技艺高超之人，以保药堂所产药物药效之佳。经人推荐，胡雪岩得知叶种德堂的孙永康药工有一绝活，可将一颗槟榔切成108片，且片片薄如蝉翼，遂以重金相聘，还委以切药房头儿一职。能得如此赏识的孙永康也不负厚望，不仅认认真真工作，还视店为家，一举一动间皆将胡庆余堂放在心上。

有功必奖是胡雪岩用人的准则之一。他在药堂设立"功劳股"，持"功劳股"者不必出资即可获得一定数量股份。他们虽对公司无控制权，但却能参与分红，且可以一直领取到员工去世为止。此外，胡雪岩还定下"阳俸"和"阴俸"两种制度。"阳俸"是指对胡庆余堂有过贡献的店员，未在中途辞职或是被辞退，却因年老体弱或患病而无法正常工作，堂中会照样发放薪资直至店员离世。而"阴俸"是指对胡庆余堂有过重大贡献的店员，离世后，依照在世时的薪金，按一定比例，按工龄长短继续发放给店员家属，至多可领十年，使店员家属在一定时期内能够保证其生活水平。胡雪岩设立的这种制度，不仅让员工免除不必要的担心，同时较高的福利也留住了大量有才能的员工。

除有功必奖外，胡雪岩对于人事制度也做了严格规定。店中除却董事会的店东外，日常管理者为"账房"中的四类人。第一档，分别是经理、银盆、账房、瞭高。第二档就是营业大厅的先生以及各药材加工房的"房头"。第三档是长工，第四档是帮工，第五档是学徒。不同的档次，对服饰、能力的要求也都不同。先生穿长衫，要求能写会算，懂业务，会经营，多在店堂工作，日常所在的办公场所即为耕心草堂，其待遇当然亦是最优。长工则穿短衣，需懂医药知识，会切药、煎药、熬药、制药，多在工场工作，待遇略低于先生。帮工是临时雇员，主要从事搓丸药等技术含量较低的工作，按件付费。

　　总的来看，胡雪岩在择人、用人、治人等方面都有了自己的一套管理政策，正所谓"国有国法，家有家规"，胡雪岩制定的规章制度以及福利政策让药堂的管理体系更加健全，为胡庆余堂的长远发展提供了很大的保障。也正因为有了这些保障，胡庆余堂的职工们免除了后顾之忧，人才外流率低，全心全意工作的多。众多名医荟萃于胡庆余堂，成功研制出"胡氏避瘟丹""诸葛行军散""八宝红灵丹"等一批高疗效中药，使胡庆余堂迅速声名鹊起，赢得"江南药王"的美誉。

　　历史的车轮滚滚向前，从来不会为谁停留，也从来不会为谁加快。随着时代的变迁，胡庆余堂也经历着沉浮变幻，可是每当药堂遭遇危机时，总有那么一批人，秉持着胡庆余堂传承的中医理念，护其左右，伴其坎坷，佑其延续，创其辉煌。

　　胡庆余堂建立时，正值晚清时局动荡之时，内忧外患，胡庆余堂的起步也是步履维艰。胡雪岩在经营生丝的时候想要抬高价格，结果却被洋商排挤，最终亏本而出，后来遇上海金融风潮，造成名下的阜康银号被挤兑提现，而胡雪岩也没法儿一时间将钱凑齐，只好任人宰割。刑部尚书文煜在阜康银号存有五十六万两巨款，为胡雪岩最大债权人。经商议，文、胡后人于光绪二十五年（1899）签订契约，契约中订立如下内容："……于庆余堂红股一百八十股中提出八股润胡氏创业之功，加胡氏红股十股，共计十八股，以资胡氏家用……"

　　这段契约的内容是说将胡庆余堂在内的资产转让给文氏，胡氏只占一百八十股中的十八股。文氏接管胡庆余堂之后便决定不再使用"胡庆余堂"的名号，但是名号更改之后，同样的药品便不再受追捧，导致药品连连滞存。面对百姓这般认堂号不认药的表现，无奈之下，文氏只得保留胡庆余堂的堂号。经商议过后，文氏以招牌股的形式使用胡庆余堂四个字。而文、胡两家按照既定的股权比例，分别是九比一，由文家取得对胡庆余堂的实际控制。当日种下善因，今日得到善果。此后，胡庆余堂四字堂号延续至今。

　　就这样，创建于1874年的胡庆余堂，于1899年由文氏接手，堂名不改，照常经营，另聘张筱浦、许荃圃为驻店代表，王文联为经理，生意如常。1911年，辛亥革命爆发后，胡庆余堂被浙江军政府没收，后来被登报标卖，施凤翔、应棠春为众人代表，经私窥标价，以20.01万元得标。经此，胡庆余堂由独资变为合股经营，股东共有13人，120股，每股3000元，合股资本为36万元。1912年，孙中山在南京提出"汉满蒙回藏"五族共和的口号，胡庆余堂迎来新的发展契机。但好景不长，袁世凯复辟后，下令"凡属满人财产，应予发还"，文煜长子借此向朝廷提出归还胡庆余堂的请求，而施凤翔、应棠春等人以浙江军政府不应失信商民为由，拒绝所求。经长期诉讼调解，施凤翔、应棠春等人以45万元重新购买胡庆余堂，双方立字为据。

但是，身处动乱年代的胡庆余堂，经营状况每况愈下，流动资金几近枯竭，1935年时，俞绣章担任胡庆余堂经理一职，也只能是在重重压力之下负重前行。屋漏偏逢连夜雨，七七事变之后，杭城人人自危，胡庆余堂被迫解散，员工们被遣散回家。经理俞绣章另命七名职工将店中名贵药材、股东议单、账册、金银财宝等不易于携带的物件存进暗室，这才免遭日寇盗掠之手。俞绣章在1939年11月复业开门，但是很多药材因为受到日寇的管制没法正常购买，后来俞绣章买通敌伪，派人到驴皮的集散地河南周家口大量收购驴皮，就地设临时工场，先做粗制工作，后运回杭州以西湖水重新制胶，再行售卖。这样制作大大降低了成本，又保证了用药需求，重新开张的胡庆余堂在三年多时间里生产阿胶六万余斤，获利一百万元有余。胡庆余堂也因此归还了大部分欠款，暂时摆脱了债务的困境。

随后的时间里，胡庆余堂的股东不断变更，根据1952年胡庆余堂《股东名册》记载，已有股东81名。1950年，经理俞绣章代表全体资方人员向上城区人民政府登记胡庆余堂相关情况。1955年，经杭州市政府批准，杭州药材站投资两万元至胡庆余堂，至此胡庆余堂由私营转为公私合营。1957年，胡庆余堂在城西郊桃源岭新凉亭筹建制胶车间。1958年，叶种德堂并入胡庆余堂，更名为"公私合营胡庆余堂制剂厂"。1965年，胡庆余堂所有股东履行国家赎买政策，全面退股，胡庆余堂由公私合营转变为国资经营。1966年，胡庆余堂更名为"杭州中药厂"。1972年，是历史性的一年，杭州中药厂一分为二，胡庆余堂改称为杭州中药一厂，原桃源岭车间升格为杭州中药二厂，由胡庆余堂关门弟子冯根生出任厂长一职。在之后的改革开放，市场经济的浪潮中，胡庆余堂因经营不善，连年亏损。而冯根生带领的杭州中药二厂则是青春焕发，后发展为"青春宝集团"。1996年底，胡庆余堂被青春宝集团全资收购。其末代徒弟冯根生一番"望闻问切"，在胡庆余堂员工大会上开出诊方："既然母亲已经体弱多病，我这个当儿子的有责任来照顾母亲。我已经开好了药方，擦亮牌子，转换机制，理清摊子，这一点，请你们务必要有思想准备……"冯根生的一番改革，让往日衰败的胡庆余堂重新焕发活力，再度呈现往日辉煌，据胡庆余堂老药工丁光明回忆，改革之前工人中饭都是自己解决的，冯根生一来，工人中饭就是单位发的，免费吃，先解决温饱问题，不用担心吃饭……2016年2月，青春宝集团启动了混合制改革，在经历了挂牌、报名等一系列程序之后，胡庆余堂以4.5亿收购青春宝66%的股权，杭州市国资委持有青春宝集团34%股权，胡庆余堂也就成为青春宝集团的大东家。

人生不如意十之八九，关键之处是看人用何种心态对待。胡庆余堂起起伏伏，经历了一代又一代的变迁，不知多少次困中脱险，这股"千磨万击还坚韧，任尔东西南北风"的精神一直支撑胡庆余堂从飘摇走向辉煌，而且我们肯定，这股精神力量只会历久弥新，焕发出更强大的力量。

三、药中藏技精修制

入胡庆余堂者，多为寻医问药，以延续生命。但他们生命的延续，是用作为药材的那些生命的消逝换取的。故每一味药，都值得制药人们用心珍惜，倾心相待。中医医道，药材为主，外力为辅。从一药方，至一药包，到一成药，唯有药尽其用，方得始终。为尽其用，唯有修制务精。为精修制，唯有严传精授。药中藏技，更藏匠心。

胡雪岩自从建立胡庆余堂开始便定下了一门收徒的规矩，那便是每年只招收一个徒弟。对于所招收的徒弟自然也有严格要求，不但要聪慧有学识，对于人品也有严格要求。

1949年，有一个14岁的小男孩有幸被选中，他也成为胡庆余堂的关门弟子。这个小男孩的名字叫作冯根生，家中有两代人都曾在药堂做药工。1949年1月19日，冯根生正式进入胡庆余堂学习，他时刻谨记奶奶的叮嘱——"不管什么时候，都要认认真真做事，规规矩矩做人"，由此开始为期三年的学徒生涯。胡庆余堂不但在选徒时有着严格的要求，对于学徒的学习也有严格的管理制度。身为学徒，一年到头皆是在店内学习、劳作，能出店门的日子屈指可数。除年初一的固定半天假可回趟家外，剩下的也就只有冬季，才有机会跨出胡庆余堂的大门。冬季，养生时节，冯根生作为帮手被选中跟随师父去有钱人家里做丸药，熬膏方。

作为学徒，自然是要抱着认真学习的态度，因此冯根生每日天刚刚泛白就要起床学习并且打扫，在学习时要背诵药名、药性、药效。打扫时也有一定讲究，扫地只能从外向内扫，不能逆向而为，否则就视为将店东的财源扫出，极为不吉。摆放物件，都要按照固定位置和朝向摆放好，镜旁要摆一组花瓶，寓意"平平静静"，厅堂里要摆八张太师椅，象征"四平八稳"，桌上六只茶杯，叫作"六六大顺"，而这些物件不可错了位，多一少一更不行。打扫完之后，便要连忙起身前去

新中国成立前胡庆余堂大门外景

服侍师父漱洗。用膳时，则按照"乌龟座"的坐法，坐在桌尾，还需为师父、长工来回添饭。饭后，趁店门未开，站在百眼橱前，拉开一只只抽屉，取药、认药、记药。待开门后，便随着师兄去后院做"小炒"（制药）。晚饭后，再劳动上两个小时，做些包驴皮胶等活，才能回房休息。从早上5点起床开始干活，一干就是一天，到了晚上9点下工，累得冯根生只想倒床就睡。但到了夜间，接方配药的门铃一响，就得立马爬起，按方配药。如此这般，三年下来能睡个整觉的时候少之又少。后来，为了顾客能在一早就能拿到药，胡庆余堂便把煎药的任务安排在了半夜，而半夜煎药的任务便交给了冯根生，即使再困再累，冯根生也不敢有丝毫的放松，生怕药效没有充分煎发。后来，冯根生回忆说："胡庆余堂学徒每天的工作量，是电子计算机也算不清楚的。"

作为学徒虽然要忍受着苦累，但冯根生却感觉能在胡庆余堂做自己喜欢的事是一件很幸福的事情，认认真真地做着学徒的工作。虽然他经常在药堂捡到钱财，但是也从不私藏，都是如数上交。也正是因为他的拾金不昧，让他的师父对他更加器重。直到后来他才知道，原来他所捡到的钱都是师父为了考验他的人品故意丢掉的。如此反复共有十五次，冯根生一次也没有私藏。因此，师父也相信冯根生是个非常值得信任和依赖的人。

后来，经过层层磨炼的冯根生凭着自己的一身本领在37岁时便被任命为杭州中药二厂的厂长。担任厂长之后，他对于所学医药知识也不敢忘掉分毫。一次，有日本汉药交流团来厂里参观，拿出三粒丹药，请冯根生以此辨药。冯根生微笑着取过丹药，只消用舌头舔了舔，便尝出了其中的"麝香""西黄""熊胆""蟾酥""冰片"五味药材，让日方大为折服。

后来，冯根生将自己的全部心血倾注在中药二厂的发展上，用自己的本领和技艺回报社会和人民。在对自己的一生进行概括时，冯根生说："我是一味中药，这味中药是甘草。普普通通的甘草，是诸多方剂中不可缺少的药，成分复杂，药效不错，常常用来调和药性。虽然普通，作用却很大，生长在狂风大沙中，经得起任何风吹雨打。"

胡庆余堂的制药手艺能流传至今，离不开一代又一代人的无私传承。在传授手艺时，胡庆余堂并没有制定依据血缘关系进行传授的迂腐规定，而是"传人唯贤"，只要是品德端正的人，都可以继承这门手艺，丁光明就是其中一位。

丁光明，1948年出生，在1966年6月进入胡庆余堂学习。刚刚进药堂的他，既兴奋又激动，他也立志一定要好好学习药技，壮大药堂。但是，后来丁光明被分配到了制药车间，当一名普通的打粉小工，做着一份不太需要技术的体力活。他每每忙完活，便扫扫地，搞搞卫生。其实，在这里的两年也是对他的一个考验，后来他被师傅选中，由制丸组组长张永浩提出将其从打粉组调到制丸组，慢慢地从头教起。

丁光明的绝技是手工泛丸。泛丸前，需先备好各种用具。竹匾，是丸剂成形的温床，必须平整、细密，以至用水浇之，亦能滴水不漏。筅帚，刷水于竹匾的工具，以两年之上的冬竹编制，方够韧劲，方能均匀上水。竹筛，把握药丸匀度的用具，筛孔必须等大等距，系篾匠巧手为之。有了这些工具只是其中的第一步，要想真正的掌握泛丸技术，还需要勤学苦练。在初学的那几年，丁光明先后向胡庆余堂丸剂技艺最好的细料组王利川、制丸组组长张永浩及大料组沈光祢三位老师傅拜师学艺，集三者之技于一身，终成大家。到后来，他制作药丸时无须量水称粉，仅凭心中的火候，便能泛出许多大小相等的药丸，手艺可以说无人能敌。在教授徒弟时，丁光明认认真真地择徒授教。在灶前，带着徒弟掌控着火候，一字一字地指点熬膏的步骤——浸泡、煎制、过滤、浓缩、收膏，每一步都有着各自的讲究。他的这份认真也被徒弟记在心里，弟子们也从内心深处感激师傅，铭记师父的教诲。丁光明不仅在教授徒弟时认真负责，在平常的做事中也是一丝不苟，不敢懈怠。其实这也与他的师傅有关，他的师傅曾经对他说"做人要对得起人家"，师傅的这句话，丁光明始终铭记。在教导自己的徒弟时，丁光明也会说："一个人做人你要有偏差，我是不同意的，做好了人再学技术，他肯定发展不会差的。"后来，就算头发花白到了退休年龄，丁光明也依然坚守在岗位上，他说："我在这里待了一辈子，我不会打牌、搓麻将，回家老是看电视的话容易得老年痴呆。""不拿工资都愿意，我来带徒弟。"于他而言，能够在传承中将中药技艺延续下去，就是他最大的心愿。

也正是有了如丁光明一样的老先生的坚守，胡庆余堂的中药技艺才得以传承发展，在这代与代的传递中，胡庆余堂也将中华中医文化的精髓原汁原味地完美保留了下来，就如同慢火煎药一样，它们在时间的淬炼中，沥去了琐碎的药渣，留下了文化的精华。

孟子说："不专心致志，则不得也。"做任何事情都需要一心一意、专注执着。制药尤其要如此，"药能活人，亦能杀人，生死关头，间不容发，可不慎软！"所以制药需秉持匠人精神，对自己所做的工作拥有敬畏之心，追求精益求精。

胡庆余堂自成立之日起，便制订严格的制度和规定，对制药的各个环节始终严格要求，追求完美，这种匠人精神其实早已经深深地扎根在胡庆余堂的血脉中，如涓涓春水，在传承中流淌，在传承中滋养。

国药膏方节

　　在胡庆余堂，一个看似简简单单的膏方，从开始制作到最后煎成，整个过程少说也要8到10个小时。而在这熬制的过程中，丁光明说："这里面大有讲究，每个环节都在考验着药工的手艺和经验。"而在熬制期间，也必须有人一直守在灶前，看着药罐里药液的多少，闻着罐里不断飘出的气味，从而判断药效的发挥以及火候的控制。丁光明说："煎煮前冷水不浸透，煎的时间就会缩短；收膏太薄容易变质，不利于贮存，如果太老要结焦破坏；膏收不好就冷藏凝固，药就容易发霉变质……"对于不同的药膏要采用不同的制药方式，即使只出现一点小小的纰漏，膏的质量也会下降。比如在制作"紫雪丹"这种药时，就需要制药人精磨细研。"先将其中生石膏、寒水石、生滑石、灵磁石四味，入锅加水，用武火煎煮。矿石类所煎的汁水十分清淡，然后用这汁水加乌玄参、青木香、升麻、公丁香、甘草等药材用文火煎煮，再取出石品滤清留汁。将上项药渣加清水用文武火煎成第二汁，榨净去渣，滤清留汁；将以上二次药汁，淀清去脚，煮沸，加入元明粉、马牙硝二味溶化……"对于外行人来说，这是一个烦琐复杂的过程，但是对于胡庆余堂的药工们来说，这却是一个十分值得享受和品味的炮制过程。

　　胡庆余堂的匠人精神，还体现在其选材取料的绝不含糊上。就如在人参的选择上，胡庆余堂是绝对不会含糊的，通常人参的选取会由全国参茸产品鉴定专家杨仲英进行，每年他都会亲自上阵检查。他戴上眼镜，每支参都要拿在手上，放在灯下细细地看过。如果遇到一支自觉可疑的人参，杨仲英还会举起放大镜再度仔细观察。杨仲英说："多年下来，很多人参供应商已是相对固定了。但我们不敢有丝毫疏忽。"

他讲起了一件陈年往事。有一位东北供货商，曾与胡庆余堂有着10多年的合作关系，但有一次，他在一批野山参中夹杂了几只西洋参仿造的次品，出于对质量的考量和对诚信的考量，胡庆余堂当即与他断绝了供销关系。即使千般小心，但这样的事件还是几乎每年都会发生。每一年，胡庆余堂国药号中药饮片采购之时，入库验收的退货率竟能高达20%。

胡庆余堂尚未馆成开业之前，便已着人开始了制作"胡氏避瘟丹"的准备，此药具有避秽气、止吐泻、治中暑等疗效，是胡庆余堂的看家药剂之一。"胡氏避瘟丹"由77味中药组成，其中一味为"石龙子"。石龙子多地都有，但胡庆余堂只选用杭城灵隐、天竺一带的石龙子。这两处的石龙子有一鲜明的特征，背上有一条黄线，金背白肚，故世人也称之为"铜石龙子"。也不是其他产地的石龙子不能入药，而是一经比对，药效都不如这"铜石龙子"来得好。故每逢生产季节，胡庆余堂的老药工就带着新人们，一起到灵隐、天竺捕捉。时日久了，灵隐寺的僧人也就知道了胡庆余堂这年年一趟趟的所求，也会尽可能地提供些方便，助其采药济世。

另外，胡庆余堂在多次试制"温病三宝"之一的"局方紫雪丹"后，发现和其他药店一样，如果仅仅据经验方来制药，疗效一直达不到效果。多方请教老药工后，才知问题所在。"局方紫雪丹"最后一道工序并不适用于铜铁锅蒸药。若使用铜铁锅蒸药，药材中的"朱砂"易与铜或铁发生化学反应，需另用性质较为稳定的金、银之物。胡雪岩闻后，便请当时最有名的金银匠，耗费了133克黄金、1835克白银打造金铲银锅，专用于制作"局方紫雪丹"，以保疗效，但药物售价却分毫不变。

除却金铲银锅这一广为人知的国家一级文物外，胡庆余堂内还有其姐妹花——金杵银钵。140年前，与金铲银锅一道，同用纯金纯银加以打造，金杵重96克，上刻有"鉴世藏锦"字样，银钵重927克，外圈刻有"胡庆余堂"堂号，日常装在一个精巧的小盒子里，总重量超过1000克。140年过去了，胡庆余堂不再生产"局方紫雪丹"，金铲银锅就作为国家文物珍藏了起来。而金杵银钵却不然，一直沿用至今。金杵银钵虽同为纯金纯银制作，但并非是为了制作"局方紫雪丹"，

老照片

而是一加工容器，专为研磨名贵药材，如人参、野山参等。140余年来，胡庆余堂一直在销售野山参等名贵药材。当客商买走付钱后，老药工就会将金杵银钵请出来，当着客商的面，将完好的药材进行拆解，用特殊手法将其研成细末，再用密封口袋按0.5克一包分袋分装。据《本草纲目》记载，金银有安五脏、定心神、止惊悸、除邪气的功效，银钵更具有杀菌、保鲜的作用。故用纯金纯银的器具研磨贵重药材，一是保其药效，二是显示其庄重、高贵。

　　一直以来，胡庆余堂一直遵守着"采办务真、修制务精"的准则。从采药到制药，从授艺到待客，胡庆余堂的经营都遵守着匠人般的精神，不敢有丝毫的怠慢。百年传承的胡庆余堂所体现的匠人精神正是中华传统美德的精髓，不仅将中华文化传承并发扬，也为中华老字号们的发展开创了优秀的范例。

四、药中怀仁心济世

"如果你走得太远，千万不要忘记来时的路。"胡庆余堂正是如此，无论落魄还是辉煌，它始终谨记着自己开药店的本心，那便是济世救人，经过几百年的风云，仍然坚持过往的目标，以仁为本，以诚持业，以真营信。

诚信是做人之本，诚信也是一个企业的根本，一个企业若是想有长远的发展，必须遵循诚实守信的原则。这个道理胡雪岩自然也很明白，因此在胡庆余堂建立之始，便制定了一系列准则。

首先胡雪岩就亲手书写店中堂规，悬挂于耕心草堂之前，营业大厅之后，以示堂中众人。褐色的牌匾上，上书两个"戒欺"大字，旁附若干列小字："凡百贸易均着不得欺字，药业关系性命，尤为万不可欺。余存心济世，誓不以劣品弋取厚利，惟愿诸君心余之心，采办务真，修制务精，不至欺予以欺世人，是则造福冥冥，谓诸君之善为余谋也可，谓诸君之善自为谋亦可。光绪四年戊寅四月雪记主人跋。"以此为戒，可看出胡雪岩对生命的敬畏，亦是胡庆余堂为人做事之准则。凡入胡庆余堂为学徒者，皆被告知胡庆余堂至宝为此"戒欺"匾额，其贵重重于金铲银锅等物。入此门者，先需在此匾下席地三拜，通篇背诵匾额全文，牢记于心，内化于行。

而在胡庆余堂的"关门弟子"冯根生的记忆中，这块"戒欺"匾额是他入堂以来接受的第一重精神洗礼。三拜九叩的拜师大礼之后，他的师傅韩秉南便拉着他去拜了"戒欺"匾。冯根生也明白这块匾额的巨大价值，后来，"戒欺"也成为他一生遵守的信条。而如同冯根生一样的一代又一代的胡庆余堂经营者们，也都是这样从前人那里得到传承，又尽己所能将其发扬光大，代代不断。

除"戒欺"匾额外，另有一块匾额是朝外的，为"真不二价"。此匾可正着读，也可反着读——"价二不真"，其意一同，皆示堂中所售药物具为真品。药企的诚信还体现在它实事求是、尊重科学的精神上，不妄自夸大药品的功效，不唯利是图，进行虚假宣传诱导，误导消费者，讲求高质量实价格。遏制虚假广告，追求"真不二价"。"真不二价"匾并非像"戒欺"牌匾一般，开店伊始就在，而是在之后挂上木梁的。胡庆余堂开业第一年的冬季，本该是中药销售的旺季，但营业额却未上涨反而有所下降。究其源头，非是胡庆余堂之故，而是周边的商家，包括叶种德堂故意压价竞争。当经理余修初向胡雪岩请示是否也需要如其他店家般压价销售时，胡雪岩便对其讲述了"真不二价"的故事，示意一切如常。果然，时日一久，百姓发现，低价销售的药材并非价廉物美，而是价廉物劣时，便不再前往购买，转而走向了胡庆余堂。由此，亦可看出"真不二价"的另一层含义。恶性竞争事件过后，胡雪岩便着人将此匾额悬挂于胡庆余堂营业大厅内，面朝众人，以示胡庆余堂"真不二价"。

故在胡雪岩一道道堂规之下，胡庆余堂人牢记"戒欺"祖训，从采药、拣药，到制药、煎药、售药，莫敢忘却，莫敢不从。"戒欺"是中华文化的一部分，植根于中华民族的血脉。诚为本，信为先；务财勿迷，为商勿贪；无仁则不义，无义则不通。"戒欺"也是胡庆余堂的真实写照。

贾谊在《过秦论》中曾说秦朝灭亡的原因是"一夫作难而七庙隳，身死人手，

戒欺

真不二价

为天下笑者，何也？仁义不施而攻守之势异也"。这个结论是说由于秦朝不施行仁政，采取暴政，最终导致秦朝的灭亡。由此可见，不管是一个国家还是一个企业，施行"仁政"是非常必要的。

胡庆余堂在开办时就将"是乃仁术"这四个大字镌刻于门楼之上，如同军令状般，许下救世济民的誓言。"是乃仁术"四个字出自《孟子·梁惠王上》。"仁"是孔子思想的核心，也是中国人心目中个人道德的最高境界。救死扶伤的医者要讲"仁爱"，为人类健康谋福祉的药者同样需要怀仁心行仁举。从事药业工作的人对"仁"的理解首先表现为对仅有一次、不可重复的生命的敬畏、热爱、珍惜。有了这样的体悟才会激发出对患者的共鸣，对呵护人类健康、关爱生命的使命感，进而对本职工作产生责任感和神圣感。在胡雪岩的生平故事中有这样一件趣事：某一年冬至前后，城中得气管炎、哮喘等疾病的人骤增，即便是半夜三更也有病人上门求药。现熬的鲜竹沥趁热喝下对疾病有很好的疗效。但熬鲜竹沥有非常烦琐的工序，要耗费相当长的时间。病患多，对药的需求量也大，可是药工们夜以继日地制药、熬药却毫无怨言。这就是将"是乃仁术"的理念与追求化为现实中对患者的真切同情与对工作的尽职尽责。

在胡庆余堂临近开业之时，胡雪岩遍邀江南名医前来坐诊。此外，他还要求每位名医将其掌握的具有代表性、针对性的药方贡献一两张出来，以文字的形式记录下来，集历代名医之智慧，成《胡庆余堂雪记丸散膏丹全集》。当药方成册后，胡雪岩未曾藏私，相反的是着人将书籍付梓，免费派发给了各地的郎中、行医者。于他们而言，得此书籍如得珍宝，用此书籍如用典籍，将其视为学习的范本。而外人亦是通过此书,知道在杭州有一家胡庆余堂。

　　胡雪岩始终以顾客为本,为百姓考虑,在每年头伏的前一天,胡庆余堂都会烧煮大量的药茶。药茶具有清热解暑、预防疾病等功效,摆放在店内,供顾客、游人免费饮用。而在平时,在胡庆余堂内,也可看到营业大厅一侧摆放着的药茶桶。一年365天,从未有过间断,若逢旺季,一日便可饮用掉七八桶,消耗掉上千杯药茶。而这些药茶,通常是由5克花瓣完整、无杂质的杭白菊,5克霜降后的桑叶,3克切片完整、大小均匀的甘草组合而成,每日饮用可起到清热去火,平肝明目的效果。但在不同节气,药茶的配方也会有所调整,如冬日会再加一味名为防风的中药材,用于防流感。

　　而在每年的农历十二月初八,也就是腊八佳节,胡庆余堂药膳馆在节前就会备下糯米、粳米、黑米、赤豆、扁豆、米仁、红枣、莲子、桂圆肉等常见食材,以及枸杞子、陈皮和人参等养生中药材。十二月初七半夜,后厨的厨师们连夜熬制出香喷喷的腊八粥,于翌日馆门前免费赠送。若有未带碗盒的市民,便用胡庆余堂药膳馆自备的碗筷,打上满满的一勺,便是在寒冷冬日也可暖胃暖心。

为市民提供免费的决明子苦丁茶

2003年，"非典"来袭，一时之间，杭城人人自危，纷纷抢购预防药。其中一味主药为山东金银花，货源紧缺，原价随之上涨，从原来每公斤20元涨到180元。当时，胡庆余堂一日之间便可卖出3万余帖。有人提议临时调高售价，但冯根生说道："哪怕别人涨一百倍，我们也一分钱不涨。"疫情每持续10天，胡庆余堂就要损失50万元。胡庆余堂200余种药品、30多家连锁店、所有的消毒防护用品，也都坚持着分文不涨的原则。在整个"非典"期间，胡庆余堂宁可自身承担巨大损失，也从未停止过供货，而这个选择又发挥了多么大的作用！在胡庆余堂带头不涨价的榜样作用下，全浙江省所有的药店、药厂，都没有明显提高自己的售价，大大缓解了百姓们在"非典"期间的恐慌情绪。当年的4月26日，《人民政协报》头版，刊出《向冯根生致敬》的署名评论文章。

2008年5月12日，四川汶川县发生特大地震。得知这一噩耗后，胡庆余堂上下齐动，踊跃捐款，筹备清热灵、胡氏辟瘟丹等中成药，运往灾区。据统计，胡庆余堂捐款捐药共计人民币800余万元。除良心供药外，胡庆余堂还与浙江省慈善总会共同创办浙江省慈善总会门诊部，成立爱心诊室，免费为困难患者提供医疗服务。常年组织、安排老中医前往各地为群众义诊，宣传病理知识。在其开办的胡庆余堂中药文化节上，邀请名医，免费义诊。

在这一次次考验中，胡庆余堂坚持的是自己的社会责任与奉献精神。冯根生曾经说过："企业家应追求经济效益，但不能只追求经济效益，企业家不讲奉献不行！"他最喜欢古人讲的"修合虽无人见，存心自有天知"。作为胡庆余堂的掌门人，他不仅重视经济效益的实现，更时刻抱有一颗服务社会、奉献社会的赤子之心。这颗心所代表的，也就是胡庆余堂百年传承中，永恒不变的那份慈善与真诚。

五、药中寻宝换新颜

胡庆余堂作为一家百年老店，一直以来都循着前人之路，从事着传统中医药制售之业，与过往无甚差异。但近几十年，尤其在资本入侵的巨大冲击之下，胡庆余堂深谙"老字号企业走出低谷的有效途径即是走专业化、产业链路线"的道理，正在悄然改变，旧貌换新颜。经过不断地现代化整合和改良，胡庆余堂形成了集药材的种植、饮片的加工、成药的生产、药品的零售、医疗门诊、特色中药文化旅游等为一体的，兼富有传统中药文化特色及现代化特色的产业链条，传承和发扬了特色中药文化和特色企业文化，打响了中华老字号国药品牌。

　　胡庆余堂中药博物馆可谓是胡庆余堂目前产业链的大汇总，它不仅是胡庆余堂文化以及传统祖国医药的自我展示，也是一个博物馆利用自己的专业特色为广大观众提供服务，充分发挥博物馆的教育价值的体现。

　　胡庆余堂为宣传中药传统文化，会开展由自己策划的亲子活动。这样的活动约两个星期开展一次，每月不少于两次。活动内容也颇为丰富，有让孩子当小小郎中辨认中药材的，也有通过团扇绘画让孩子绘制他们眼中行医者形象、药材长相的。若是遇上节日，胡庆余堂还会依照不同的节日开展相关活动。如端午节，他们会带着孩子在大会议室内与长辈一起做香囊，请老师傅在孩子的额头点上雄黄，体验老底子的"端午节味道"。而在植树节，胡庆余堂则会带着孩子种树。不过所种树木并非是我们街道两侧常见的树木，而是可用于入药的树木，如柏树、

河坊街夜景

麦冬等。参观胡庆余堂中药博物馆，并且参与室内外的各种活动的方式，不仅可以启发孩子们对中医药的认知，将传统文化因子深深扎根于孩子们的心中，同时还能借活动的交流增进父母子女之间的感情，可谓是一事多得。

杭州，乃闻名于世的"人间天堂"，亦是中国网络销售的起源地。一路循着门店销售的胡庆余堂在2010年1月15日亦成立了电子商务公司，将眼光正式投向了现代化销售方式。而人所不知的是，百年老字号胡庆余堂的触网时间竟与天猫成立相差无几。起初胡庆余堂仅仅是抱着试水的心态，参与了"双十一"的活动，却从此变得一发不可收。2009年"双十一"，果仁阿胶的备货量是一千罐，仅一个早上的时间便已销售一空。在2014年，胡庆余堂便开始了线上、线下门店共庆"双十一"的活动。现今翻看入驻天猫的胡庆余堂官方旗舰店，店中主打产品为"芝"（灵芝孢子粉）、"枫"（铁皮枫斗晶）、"燕"（燕窝）、"铁"（铁皮石斛）、"胶"（果仁阿胶）、"参"（西洋参）六大产品。

胡庆余堂线上门店内除六大主打产品外，虫草、枸杞等亦是店内的热销产品。同时，为适应不同人群特质，店中还贴心地推出"父爱如山""母爱如丝""娇妻如花""四季常备"系列。当逐一翻看评论时，清一色的好评映入眼帘，从生产日期到包装，从包装到药效，网民们都不惜夸赞之词。由此可见，胡庆余堂的良好口碑，早已不局限于一方，而是包罗万千。除天猫外，胡庆余堂还与云集、一号店等知名电商品牌合作。2018年的小满时节，胡庆余堂在河坊街发起了一场以"戒欺百年链创未来"为主题的老字号新零售首届峰会，整合销售端，满足大家多渠道购买需求。会上，作为百年老字号的胡庆余堂与顾家家居、富安娜、万事利等品牌企业及有赞、拼多多、云集蘑菇街、微选等网红互联网公司一起探讨云销新时代。

胡庆余堂还进军母婴行业。2018中国云销大会于2018年5月18日在杭州未来科技城国际会议中心盛大召开。百年药企胡庆余堂携旗下新品葆妈系列膏方亮相。葆妈系列产品由胡庆余堂名医团队耗时两年调方打造，专业针对宝妈身体调理。

2016年的1月，胡庆余堂旗下的国内首家草药咖啡馆"HERBS EXPRESSO"在杭州正式营业，至2018年又新开设了三到四家。"HERBS EXPRESSO"（直译为"草药浓缩咖啡"）又被称为"汉方咖啡"。但事实上，胡庆余堂所研制的"汉方咖啡"并不含任何咖啡因，只是从色泽上来看，与咖啡一样都为褐色。虽然在制作的过程中，也会使用到咖啡机，但是不以咖啡豆为原材料，而是借此用于萃取中草药，店内总共有20多种健康汉方草药饮品。这些饮品配方都是由胡庆余堂强大的

庆余饼

中医团队专门研发的，每一款都用到了三四种草药，其中不少还保留了胡庆余堂的经典配方，一杯解暑饮料可以造福身体。

在2018杭州白马湖文博会上，科技潮牌BUERBEAR布尔熊举办了"BUERBEAR布尔熊2019 F/W新品发布会"。而这次发布会揭开了BUERBEAR布尔熊携手国产良心电影《我不是药神》推出的限定款胶囊熊系列挂坠的面纱。

这款限定款胶囊熊是胡庆余堂完成跨界合作的新篇章，联合科技潮牌BUERBEAR和电影《我不是药神》的做法是一次全新的大胆尝试。推出的产品更是传统文化与现代科技的完美融合，对年轻人有很大的吸引力，使得更多人可以从一个新的角度看待传统老字号，更加全方位地了解胡庆余堂，以此丰富了老字号的品牌内涵。

走不同的方向，跨不同的界限，实际上都是胡庆余堂通过整合资源，接纳全新思维，打造"大胡庆余堂"的概念。胡庆余堂的做大做强靠的不仅仅是做大规模，还有做深胡庆余堂的文化内涵，做大胡庆余堂在文化上的张力，将其融进胡庆余堂的资本运作当中，以文化作为核心竞争力，通过"中药＋"的方式，谋求上市之路，谋求其青春之道。而通过整合资源，推陈出新，玩转各式跨界，也是在用更亲近生活的方式，让更多人有更多的机会了解中药文化。同时，也是让看似高高在上的传统中药文化慢慢地贴近生活，融进年轻群体当中，让胡庆余堂听到更多年轻的声音。

2018年，越剧经典剧目《王老虎抢亲》进行了纪念其首演六十周年的江南行活动，第二站便是"走进杭州"。8月28日、29日晚，戚毕经典越剧《王老虎抢亲》《梁祝》在杭州剧院上演，此次江南行杭州站名家见面发布会于8月28日在胡庆余堂中药博物馆举行，在故事原发地杭州再现经典，再续越缘。

除了通过与越剧相结合的方式扩大胡庆余堂的影响外，胡庆余堂的内部也正在悄然地进行着变化。胡庆余堂是中国传统中药文化的优秀传承者，是中药现代化发展改良的典范，生动地彰显了我国源远流长的中药文化的活力。中医药文化千年不衰，少不了一个完备的传承体系。几十年来，中医药科技及中医药文化的传承主要通过院校教育实现，不可否认其的确取得了明显效果。但中医药文化若渴望拥有更为长远的发展，需在院校教育的基础上，充分借鉴几千年来中医药文化父子、师承传承的有益经验，开创新的中医药文化传承模式。

在渠道上，胡庆余堂开始通过与各大平台合作尝试移动O2O，以网络推送的方式将商品上线、打折信息、客服服务等消息传递给互联网用户，一方面增加了老顾客群的黏性，另一方面也吸引了新的客户群。在1药网上开设胡庆余堂品牌馆，充分利用双方资源优势，实现顾客足不出户就可寻医问诊、买药收货的愿望，从而免去顾客奔波医院、排队等候的麻烦。这一手段便抓住了年轻人"怕麻烦"的特点，提高了购买效率，给顾客带来了便利。

2016年9月，G20峰会在杭州顺利召开。欧洲理事会主席图斯克夫人玛乌格热塔一行慕名来到江南药王胡庆余堂参观，受到杭州胡庆余堂医药控股有限公司总经理、胡庆余堂中药博物馆馆长杨仲英研究员的热情接待。图斯克夫人玛乌格热塔一行参观了胡庆余堂中药博物馆，详细了解了中国中医药文化起源、发展的历史，中药本草学、中药炮制学及中药方剂学相关内容。在观看胡庆余堂古建筑群后，玛乌格热塔对这座目前国内保存最为完整的传统中药店铺恢宏气派的建筑风格赞叹不已。

时代在变迁，市场在变革，面对消费者"以钞票当选票"的现实状况，面对品牌影响力式微的现状，仅仅依靠对国药号的政策保护、人们的怀旧情怀来维持发展是远远不够的。如果国药号忽视了新型商业环境下的营销与推广，忽视了现代商业品牌所应有的个性化、系列化和生命力的创新，那么最终顾客群体就会转移直到消失，国药号也会随之灭亡。

国药号是一个时代的缩影，历史的产物，是文化传承的重要组成部分。互联网推动下的碎片化消费，资本侵入的巨大冲击，消费群体的年轻化，对国药号领导团队而言是巨大的压力与挑战，每一步都需要紧跟时代，甚至引领时尚，总结出与时俱进的经营方式和理念，契合新的消费需求，打造互联网产品，推出"网红"产品，才能让胡庆余堂这样的国药号走得更顺畅。

以上的事例无不给胡庆余堂提供了发展模式的新思路。富有百年相传的"戒欺"文化、经严格优选的药材品质上乘、因深谙文化因子融合重要性的实际应用等可谓是胡庆余堂所拥有的武器，而这武器似又离不开传承与创新。此传承，方能保留其文化内涵，超脱时间限制；此创新，方能顺应时代发展，将其企业制度、资本结构等进行改革，并结合当代社会潮流，以作相应改变。于胡庆余堂而言，其文化因子融合于方方面面，此为绝佳。但其影响力似乎并未真正扩大至全国乃至全世界。21世纪的竞争，实际上是品牌文化的竞争。胡庆余堂整个产业链，以国药文化为依托，以文脉为传承，借产业来开拓，再融入现代理念的管理模式，走这样的品牌路线，老字号一定能征服岁月，获得超越生命年轮的青春，但仍需跋涉，愿胡庆余堂这一国药产业巨头早日得以腾飞。

方回春堂：妙手回春汉方膏

相传，神农尝百草，一日而遇七十毒，慢慢开始有了医药。"药食同源"大概就是对中华中医药早期产生的概括。

古人云："东南形胜，三吴都会，钱塘自古繁华。"杭州曾为南宋首都，是当时著名的《太平惠民和剂局方》(古代药典)发祥、颁发之地。南宋朝廷旨办的太平惠民局分布在杭州城区的东西南北中五处，除此之外，杭州城里还有著名的药铺数十家，其余的药摊、药贩、药膳、药饮不计其数，这些药铺在南宋御街中段的保佑坊、太平坊、中瓦子、市西坊和猫儿桥一带最为集中。由此可见，当时的杭州可谓是南宋时期医学的鼎盛之地。岁月悠悠，杭州这块宝地名医辈出，名店迭起，名药更新。

在国医的发展过程中，稍有名望的一些医家大多都开始自立门户，而专职的医者则多依附于中小药店应诊，名为"坐堂医生"。此外，也有边行医边卖药材的个体医生，他们靠祖传单方、验方行医配药为生，民间称其为"草头郎中"。这使得医和药分家更为明显，并促进了此后较大规模的中药铺的不断开设，成为清代杭州国药发展的重要特征。在杭州有不少传承久远的中医药馆，而位于运河边的方回春堂就是其中的佼佼者。

一、烧药炉存草亦灵

"烧药炉存草亦灵，煮茶灶冷水犹清。老仙一去无消息，只有飞泉落佩声。"这是宋代方岳的《又和晦翁棹歌》中描写的古人熬药的画面：伴随着柴火的青烟，锅炉里面的药汤开始逐渐沸腾，细小的气泡嗞嗞地从炉底往上冒，空气中弥漫着药材的幽香。

古人在那时就已经开始注意到中药材的药理和烹煮，更是把生活中所实践出来的经验毫无保留地编成了一部部医书供后人学习，旨在传承和发扬传统医学，造福后世。杭城的老字号药馆历经世代传承，大多数都有上百年的历史，每个药馆都有自己的经营之道和独家秘方，馆内的那些药方基本都是汲取了很多前人的制药经验并在此基础上加以改良的，因而在药效上，也有了质的飞跃。这些百年老字号医馆承载的是一段古时的岁月，传承的是一段不朽的历史，传承的是医者仁心的精神，彰显的是杭城的中医人不断借鉴古方，推陈出新，精益求精的崇高精神品质。方回春堂亦是如此，更是杭州老字号医馆中的领头人。

这座传承至今已有三百多年的中医药馆诞生于清顺治六年（1649）。至于这馆名"方回春堂"，更是饱含创始人方清怡先生的悬壶济世之心。因方清怡先生表字"再春"，"再春"有"回春"之意，带来青春永驻的无限希望。方回春堂自诞生之日起，便悉遵古方精选各省道地药材，依法炮制门市饮片，虔修各类丸散膏丹，择料讲究，选工尽善。尤以秘制小儿回春丸，闻名杭城，老幼皆知，历时百余年矣。

方回春堂店内

　　至于这"小儿回春丸"名字的由来，则有这么一段故事：相传方清怡尚在新宫河下住处行医时，一日来了一老一少两位妇人。老妇怀抱着一个双目紧闭、发着高烧的男孩，二人神情憔悴而紧张。因这孩儿的病，妇人寻遍了杭州的名医却均未见效，后经人介绍，她们慕名前来请方先生诊治。先生诊得小孩之病是因为消化不良，加上受寒所致，随即开了一张小儿驱寒的方子，又给了七粒用蜜蜡封好的药丸。生病的孩子服了七天的汤药和药丸后，病消了，精神也好了。这一家的主人正是钱塘县知县，生病的孩子是他的孙子。看到孙子病已消，他甚是高兴，忙差人把方先生请到府上面谢，并取出了五十两银子作为酬谢。方先生早前就听闻知县为官廉正，于是婉言谢绝。知县遂问起此药丸何名，先生说尚未取名，知县随即在书房的案桌上写了一张"妙手回春"横幅，并对先生说："药丸就叫小儿回春丸吧。"至此之后，这神奇的东方药丸遂被更多的人所熟知。

　　因为高超的医术、远传的美名、仁义的品质，方清怡声名鹊起，前来求治小孩的病人越来越多，他的生意也日日渐好。生意好了以后，方清怡感到人手及药材方面的配备都开始显得不足，常常只能顾及一两个病人，而其他的病人则无法照顾到，如此下去会直接影响到生意。于是，他便萌生开家药店的想法，在一边医治病人的同时，还能一边做零售和批发药材的生意，以此扩大营业，造福百姓。之后他选址清河坊，建造了方回春堂。开张后的方回春堂生意比以前更好了，大堂里病人进进出出，十分热闹。而方清怡亲自坐诊大堂为病人看病，更是引来了不少的病人，天一亮，病人们便来排队求医。有了好的名声和口碑后，方回春堂的发展一直很兴旺，后来成为晚清时期杭城药材市场的六家大药铺（胡庆余堂、叶种德堂、方回春堂、万承志堂、张同泰、泰山堂）之一。

　　民国初年，借杭州兴修第一条柏油马路的机会，方回春堂延请能工巧匠，建造恢宏石库墙门，构筑两进二厅雕花楼堂，富丽堂皇，两厢和合柜台展示老店的气派。堂内所制丸散饮片，形质精美、气味俱佳，时与万承志、张同泰、胡庆余、叶种德、泰山诸堂并称为杭城药业"六大家"，更是与胡庆余堂、叶种德堂在清河坊形成三足鼎立的局面，竞争激烈。当时，方回春堂以十全大补膏、二仪膏、益母膏、阿胶膏、龟鹿二仙膏等众多膏方享誉江浙一带。

创立于1649年的方回春堂

二、瑶草香气遗经年

"天有不测风云，人有旦夕祸福。"抗日战争使得社会动荡，工商业停滞发展，方回春堂亦逐渐开始走下坡路。至1931年，其资金仅为7200元，为胡庆余堂的百分之七，当是时方回春堂批发业务已经停止，仅能勉强维生。杭州城里其他的大小药店，在杭城沦陷的最初几个月里，也纷纷关门歇业。到了1938年四五月间，这些药店才重新开门，但都只有一两个学徒留守，原本门庭若市的场景早已不复存在。

当时的中国可以说是处于水深火热之中，老百姓过着颠沛流离的生活。当时，除了工业受损外，杭州的商业也日渐衰落，经济极度萧条。日本士兵更是在街头巷尾乱窜，见钱见物拿了就走。万隆的南北货店储存在柳翠巷栈房内的货物和几千只火腿被抢劫一空。叶种德堂、庆余堂圈养的数百只关鹿成了日本人腹中之物。

但是，在如此严峻的形势下，方回春堂却没有像大多数企业一样倒下。那时的方回春堂批发的药材种类繁多、齐全，大约有1800种，且药材道地，因而远近闻名，周边一些小的药材店都到方回春堂来采购药材。当时有一批俗称"航船"的人，经常来购买药材。所谓"航船"在当时是一种职业，那时杭州周边有许多小的药材铺，由于是小本经营，没有学徒，而来回杭州城一趟需要好几天，会耽误生意。因此他们只能委托那些"航船"的人为他们带回需要的药材，而"航船"的人就从中赚取一点佣金。方回春堂靠这些"航船"为他们带来了不少的生意。当时的方回春堂、张同泰和泰山堂同为药业的"三拆兑"。

在战争中，几乎所有的行业都面临灭顶之灾，方回春堂陷入了自开业以来的最低谷，原本热闹兴旺的场面荡然无存，只留着几个学徒苦守着店门。造成这种情况的原因不仅仅是战争的摧残，还有当时的政策问题。晚清时期，西方医学大规模输入我国，属于不同医学体系的中西医形成了两大对峙的阵营，当时的国民政府与西医工作者皆对中医持有质疑和反对的态度，甚至提出过废除中医的法案。

这种局面一直维持到了新中国成立，当全国人民都以极高的热情投入到重建家园的生产中去时，中药行业也开始了新的发展。新生的共和国改变了国民党统治时期单纯依靠西医西药，压制中医中药的卫生政策。

　　虽然新中国非常重视中医，并且颁布了很多有利于中医发展的政策，但方回春堂之前所受的创伤实在太重，想要恢复到以前那种繁荣的局面已经是不可能的了，只能在原有的基础上继续加强经营。经过讨论，方回春堂最后决定缩减规模来维持经营。之后，方回春堂以三万元的价格把清河坊的老房子卖给了上城区税务局，将大本营转移到了望仙桥一带（即如今的中山中路），继续做着药材批发的生意。尽管还和不少老主顾保持着往来，但是生意还是大不如前，资金的短缺使得方回春堂无法正常地运转，生意清淡得只能维持职工的基本生活。在1956年国家对私企实行社会主义改造时，方回春堂作为批发商行的一员并入国营批发企业，归入杭州医药站，从此消失在人们眼中……但人们似乎并不相信它会就此消失，很多人坚信它会如同凤凰般涅槃重生。

　　果然，近年来国家开始重视传统医药的复兴和发展，这无疑是给了方回春堂一个涅槃重生的机会。于是，方回春堂顺应时代潮流，于2001年在河坊街旧址恢复营业。该旧址位于河坊街117号，共三进，建筑面积5000余平方米，建筑立面为高大气派的砖细墙石库门，门背是一座雕刻精美的砖雕门楼。

河坊街方回春堂

　　回首方回春堂这百年的风风雨雨，在悠悠的历史长河中，个体的和整体的生命永远向着一个未知的终点随波前往。时间是无情的，既引领着我们一去不回头地走向终点，又残酷地提示我们时光永不回转。时钟的嘀嗒声，是每一个新生命出世的破啼，也是每一个死亡的召唤。在生与死的交替之间，是生命的荣枯和文化的兴衰。一段历史的结束宣告着另一段历史的开始，我们总是在这轮回中无休止地前进……

　　清代杭州籍医学家吴尚先曾说过："医以济世，术贵乎精。"即使是在资金最短缺的年代，在最颠沛流离的境遇中，方回春堂也一直秉承着精益求精的传统，几百年来，从未中断。到目前为止，方回春堂以河坊街馆为中心，相继在拱宸桥、下沙、萧山等地方新开了十六家门店，基本完成在杭城"东、西、南、北、中"的整体布局，真正成为杭州市民家门口的医馆。

厚积薄发才能源源不竭，常沐甘霖方使万象回春！方回春堂始终兢兢业业，勤勤恳恳，用传统思想做传统中医，用新思维、新渠道推广国医、国药，中医药事业势必恢复昨日辉煌，谱写明日新篇章！

三、灵丹济世含真意

如今，方回春堂的门口有一块匾，是卢连芳老人为方回春堂写的堂志。卢连芳老人的小爷爷就是方回春堂的最后一任经理卢裕国。据老人回忆，当时的方回春堂在这一带也是颇有名气，药店颇具规模，宏伟的青砖石库门墙，宽敞高雅的雕花大厅，大气富丽的中堂摆设和两厢和合柜台相得益彰，向每一个到访的人展示着清代杭城大药店的独特建筑风格和文化底蕴。老人比画着说："方回春堂的店堂内，至今还保留着一口古井，传说中的秘制小儿回春丸就是用此井水制成，十分的灵验、有效。"

2001年，考古人员对方回春堂进行历史发掘时，在国药馆内的一口古井中，发现深埋三百多年的上百个标有药丸名的小瓷瓶，可见丸散膏丹的炮制，在当时的方回春堂盛极一时。关于这口井还有一个颇具神话色彩的传说。相传，方回春堂在当时已是名声远播，不少远在千里之外的病人都跑到杭州找方清怡看病，他一一热情接待治疗。这事传到了仙界，观音菩萨闻听凡界竟有如此神医，便化作一位衣衫褴褛的老人下凡来看看。经过几日观察，观音发现方清怡待人诚恳、医术高明、积德行善，于是在半夜的时候托梦给方清怡，告诉他用堂中的井水制成的小儿回春丸，会有神奇的效果，说完然后便消失了。醒来后的方清怡恍如还在梦中，半信半疑地来到井边，只见井中正冒着一股仙气，隐约透出一股股清香。方清怡回想梦中场景，忽地明白这定是有天上仙人相助，于是不敢怠慢，立即下跪，对天叩拜。随即吩咐伙计以后用此井水制小儿回春丸。从此以后，用此井水制成的小儿回春丸便有着更加独特的疗效，成了方回春堂的招牌。

　　虽然这仅仅是个传说，却表现出了老百姓们对于方回春堂的信任和美好祝愿。而故事中的这口古井原来是在大厅中央的，后因方回春堂的建筑往左推进了十几米，使此井移到了大厅右边的药材柜台下。堂中许多物品摆件虽然已历经三百多年，依然保持完好，不少的木建筑经过修改和加固延存至今，作为药房和办公所用。这些事物不但全面地展示了当时中药房的建筑风格，更蕴藏着深厚的文化足迹。

　　中华老字号，在大多数人心目中是一个尊贵厚重且民族味儿很浓的名号。它活化历史，蕴含传统，彰显文化，耐人寻味。随着时间的推移，这些中华老字号的历史感愈发厚重，文化便愈发精彩，仿佛是一部永远写不完的书，又似一座永远开发不尽的宝藏，宛若一首既经典又时尚的文化颂歌。

　　就如今的工商业而言，老字号无疑是数百年商业和手工业竞争中留下的极品。它们各自经历了艰苦奋斗的发家史，最终统领一行。其品牌也是人们公认的高质量的代名词。它们是劳动人民在历史发展中的智慧结晶，也是中华商业文化的重要载体，承载着人们的美好记忆和情感。虽然现代经济的飞速发展，使老字号显得有些黯然失色，但它们的文化特色仍是独树一帜。老字号对于其文化的传承，是现代商业社会一种独特的存在，在它们数十年、上百年的经营生涯中，沉淀了太多历史和文化的密码。可以说，在全国很多城市和地区，都有一些具有本土特色的著名老字号，它们有着各种各样的产品和服务，丰富着国人的物质和精神生活。尽管有些老字号与时俱进，成功转型，以一种年轻而现代的面貌出现在大众面前，但在人们的心目中，老字号不啻是一种商业实体，简直就是"品质与信誉"的代名词，是中国传统文化的承载者。没有这些老字号，中国传统文化不会如此贴近我们的生活；同样，没有传统文化的根基，老字号的魅力也将大打折扣。

　　老字号是城市文化软实力的体现，作为一个城市发展的印记，老字号代表着一个城市的底蕴和文化。老字号品牌文化呈现的是中华民族的优良传统，是精益求精的工匠精神，更是一座城市的时代缩影。

　　老字号不仅是一种商贸企业，更重要的是一种历史传统文化现象。"不到长城非好汉，不吃烤鸭真遗憾"使全聚德成为北京的象征。而京城民间歇后语，比如，东来顺的涮羊肉——真叫嫩，六必居的抹布——酸甜苦辣都尝过，同仁堂的药——货真价实，砂锅居的买卖——过午不候等，都生动地表述了这些老字号的品牌特色。

　　在这百年中，方回春堂始终遵循"许可赚钱、不许卖假"的祖训，以善待顾客、善待客商、善待员工为理念，加强企业自身的建设和发展，创造出具有方回春堂特色的中药文化。店堂的每一处装饰，每一处摆设无不显示出方回春堂的古老和其特有的魅力。方回春堂在丸散饮片的生产和制作上更是追求精细，他们雇用了一批有经验的师傅来管理药材的加工制作，那时候有专门的刀房用于切药，后院一大片都是晒场用来晒干药材。中药药材最讲究的是道地纯正，一种中药材从种植到培养使用，都有严格的标准和采摘时间，有的甚至需要经过几年的时间培养。这是许多中医药号很难做到的一点。而方回春堂就做到了，它在药材上面做足了功夫。它以"许可赚钱，不许卖假"的祖训树立起了方回春

方回春堂

堂的百年历史。在20世纪的暴风雨般的历史巨变中，它就像一棵韧劲十足的草，"野火烧不尽，春风吹又生"。

此外，方回春堂还十分重视对员工能力的培养，让每一个员工都知道要保持信誉，不仅要保证产品的质量，也要注重自身的素质和业务的提高，并由各个部门的老药工担任教师，定期对员工进行培训。其对于员工的奖惩制度及工作规章也有一套严格的方案，除了基本的工作制度外，还要求员工做到：顾客到店后要主动站立热情招待，绝对不能怠慢，哪怕是再挑剔的顾客也要耐心细致地服务；针对顾客的需求，介绍相应的中药产品，就算顾客没有选中东西，也不能面露不高兴的神情，应以笑脸相送，期待顾客的下次光临；对于那些年老体弱、身有残疾、不方便走动的人，坚持送药上门；对于那些生活贫困需要买药的病人，一律以最低的价格卖给他们，甚至有时还会免费提供。方回春堂这样做的目的就是要树立一个良好的形象，长此以往，自然赢得百姓信任。

同时，方回春堂也很注重对中医药的研究和创新。据著名的中医学家史奎均回忆，他很小就跟随父亲史沛堂（中医名家）学医，在新中国成立前就和方回春堂有很深的渊源。当时的史氏开了一家中医诊所，并且十分信任方回春堂，因此

诊所所开的方子都拿到方回春堂去抓药，史奎均也经常随父前去方回春堂。其中有个名叫杨树堂的药师给他留下了深刻的印象。那时每年过年，史奎均的父亲都要带着他去杨树堂家吃饭，久了以后他便知道杨树堂是一个中药师。杨树堂十分重视现代医学的发展和研究，而这项工作在当时是很少有人涉及的，研究的人也很少，而杨树堂却看到了其发展的潜力，在方回春堂设了一个研究所，专门搞中西医相结合的现代医药研究，这在当时的中医界是罕见的，而且杨树堂经常与史沛棠及张石富（后任红会医院院长）共同进行探讨，并付诸实践，取得了不小的成果。特别是在丸药的制作方面，杨树堂经过多次的实践，终于研究出如何使丸药在浸泡的过程中更好地提炼出有效的成分而不使丸药的药性减弱，大大提高了丸药的药用功效。

古时人们对文化知识、手工技艺的学习大多来自师徒传承，即所谓的拜师学艺。方回春堂实行的"师带徒"工程即我们现代版的"拜师学艺"。师徒传承在中医药学的发展中曾经起过关键的作用。寻寻觅觅，几千年，师傅找传人找得辛苦，徒弟求真经求得也很艰难。而如今中医药学文化的传承即将面临脱节的现状，很多中医院校的学生毕业后改了行，即使留下的人，做不多久也纷纷跳槽另谋出路。因为学生关心的是自己的前程，相比较自己一头扎进中医药复兴发展中，他们更注重的是能否跟着师傅学到有用的知识，日后成为行业的翘楚，或是是否有高收入。

然而，没有严格的师带徒的技艺传承，学生是无法掌握精细严密的流程的，这也一直是制约现代中药药效有效发挥的一大瓶颈。能够几年如一日学习技术的年轻人，现在看来是大海捞针。只剩下手持绝活的老药师们，虽早已过了退休年龄，仍无奈耕耘于国药师队伍中，就是为后继无人的现实所迫。

这时，师徒传承的重要性就显得尤为突出。俗语说："真传一句话，假传万卷书。"说的是读万卷书还不如师傅的一句话重要。师徒传承的鲜活、实用性，是书本上的知识所难以比拟的。能够被准确表达，记载于书本上的知识只是一小部分，更多的知识来自那些只可意会而难于言传的经验学。因此，凡是有志于中医药事业的年轻人，都应该利用不同的途径，寻找自己的良师，通过与师傅的密切交流，掌握中医药学的精髓，将中医药非物质文化遗产保护落到实处。"有人问我怕不怕今后辛苦培养出来的高徒被别人挖走。我是一点都不担心，因为如果真的有人来挖，就代表他们肯定我们实施传承人计划的做法，认同我们想要留住国药根的心。"

人们将生活中值得纪念和标记的重要日子叫作节日。它是世界人民为适应生产和生活的需要而共同创造的一种民俗文化，是世界民俗文化的重要组成部分。方回春堂也将自身的企业文化和优秀产品加以融合，创造了许多属于方回春堂的特殊节日。

膏方节。膏方是华夏五千年历史的缩影，《本草纲目》《太平惠民和剂局方》等传统中药典籍记载了中药材昔日的故事，而在西医传入华夏大地之后，中医的光芒一度被西医掩盖，甚至曾经形成了"重西医，轻中医"的局面，中医一度陷入发展的困境。然而，方回春堂的传承人们，着眼世界与时代的大局，以复兴中华汉膏方为己任，不断推动膏方顺应时代，给予了膏方新的生命，促成了膏方新的发展。

膏方，又名膏剂，是以其剂型为名，属于中医里丸、散、膏、丹、酒、露、汤、锭八种剂型之一。膏的含义较广：如指物，以油脂为膏；如指形态，以凝而不固称膏；如指口味，以甘姜滑腴为膏。

膏方是由汤药（煎药）浓缩演变发展而来的，根据患者体质不同与病情的需要，选择单味或多种药物组成方剂，并将中药饮片经多次煎熬、去渣，将药汁经

方回春堂熬制膏药

微火浓缩，再加入一些辅料收膏，形成一种比较稠厚的糊状物，用以长期内服，达到滋补或治病的目的。

膏方进补，盛行于江南一带。江浙民间，自古就有"三九补一冬，来年无病痛"之说。从前膏方只有达官贵人才能享用，而今，随着老百姓生活水平的提高，膏方这个"旧时王谢堂前燕"，已经"飞入寻常百姓家"。而方回春堂一直坚持着用最好的材料和工艺膏方熬制。

为了传承中药文化，方回春堂每年邀请许锡山等国家级中药师，举办"膏方节"，参与人数之多，足以挤满整条河坊街。膏方这种古老的中医药配伍剂型，也正在方回春堂的努力下得以弘扬。

石斛节。近年来，人们纷纷追逐高端滋补品，从灵芝到人参再到虫草不一而足。养生，当然是希望延年益寿，长命百岁。古今中外，人们对健康与生命质量的追求从未停歇。

石斛作为药典里的上品中药材，历来被列为九大仙草之首。它多以药的身份出现在药房，似乎一直笼罩着一层神秘的面纱。随着石斛保健品市场的兴起，人们开始听说铁皮石斛。然而，铁皮石斛只是石斛品类当中的一种。2013年12月14日，中国石斛博物馆（现代石斛交易中心）开馆，同时首届中国·杭州石斛节在浙江食品市场会展中心三楼隆重开幕。来自云南、安徽、贵州、浙江等地的商户在石斛节展出了霍山石斛、铁皮石斛、铜皮石斛、环草石斛、马鞭石斛、黄草石斛、金钗石斛等50多个珍贵品种及系列产品。

西洋参开桶节。中医认为，西洋参性凉味甘，既能清热养肝，又能生津止渴，常用来治疗多种气虚净亏伴阴虚内热症候，如高血压、冠心病、心绞痛等。另外，西洋参还能辅助治疗癌症患者的放、化疗不良反应。

方回春堂医馆每年都会从国外进口正宗北美西洋参，产自加拿大的精选西洋参，经过层层包裹，安睡在一个个大桶中，这就是北美正宗西洋参进口时的未启封状态。开盖后，工作人员会从桶内取出原参进行烘干，然后切片、冲泡，免费赠送给现场观众饮用。专家们会围坐在一起，分别从西洋参的外表、性能、功效多个方面进行探讨，现场的观众们可以用一个小本子做记录。参加"西洋参开桶节"的朋友，不仅学到了很多西洋参知识，还可以得到来自馆内的多重福利——精美香囊，西洋参花茶，还有免费名医健康咨询，绝对不虚此行。

中医药茶文化节。每年4月份，方回春堂会推出为期一个月的"中医药茶文化节"大型活动，用精心准备的30多款自制中医古方药茶，招待杭城市民。顾客进店能免费喝上一口茶，是传统药铺的待客礼数。方回春堂的礼数茶很注重保健功效，这些礼数茶都是由老中医的经验方调制而成的。如秋冬季的决明子苦丁茶是用炒决明子和苦丁茶等纯正中草药泡制，具有清热降火、平肝明目、降血脂和降血压的功效，特别适合老年人服用；而春夏季的六月神仙茶则用六一散、青蒿、荷叶等组方，有清热解毒、利湿消暑的作用，老少皆宜，广受杭州市民喜爱。这种季节营销活动，既能定期把不同需求的顾客聚集到中医馆来，也渐渐地发展成为杭州甚至周边省市居民的保健风向标。

中医古方药茶，是民间智慧与实践的结晶，并经百年验证，功效显著。方回春堂走访民间茶道高手，会同名老中医，发掘药茶方数百个，采用道地纯正的中药材，遵古炮制。方回春堂的中医药茶文化节真正地将茶文化与中医药文化完美结合了起来。

大型义诊。医者乐施善举，仁心仁术。方回春堂城西馆成立四年以来，始终秉承"名医好药"宗旨，遵循"许可赚钱，不许卖假"之祖训，成为杭州城西居民家门口值得信赖的国医馆。方回春堂城西馆每年一度的大型秋季义诊活动与膏方节开幕并举，集传承、弘扬中医药文化与传统制膏工艺于一身，致力于为广大市民打造一场中医的盛宴。

方回春堂城西馆的负责人介绍道，举办此次义诊，一是为了弘扬和传播中医药文化，二是为患者提供及时有用的医疗信息，避免很多患者"生病时才晓得遍求名医，没病时什么都不知道的"的尴尬局面。

方回春堂富阳馆、滨江馆、萧山馆、知和馆也纷纷响应，启动义诊活动，将义诊范围辐射全城，力争让每个杭州人，在家门口就近享受到方回春堂带来的健康服务。

腊八施粥节。"喝了腊八粥，年年好兆头。"按照传统习俗，腊八要吃一碗热气腾腾的腊八粥，祈愿来年的顺遂平安。方回春堂一贯注重杭城传统习俗，每年冬季，方回春堂都会照例认认真真熬制4万份腊八粥，免费送给杭州市民。

施粥的那天一早，天才蒙蒙亮，不少老杭州们就早早地来到方回春堂排队，还有不少人带着孩子一起过来，让他们也感受一下这一老传统、老风俗。更有些人专程从宁波等地赶来，为的就是品尝一下这杭州特有的腊八粥。等到施粥时，队伍已经像长龙一样，一直排到了清河坊的街口，用人头攒动来形容一点也不夸张。一碗碗冒着热气的腊八粥——分到了人们的手中，喝下去的不仅仅是营养美味，更是方回春堂的一片心，一份祝福。最早的腊八粥用的是红豆，后来才变得丰盛起来。南宋周密在《武林旧事》里说，用胡桃、松子、乳蕈、柿、栗之类做粥，谓之腊八粥。

方回春堂腊八粥的主料为东北糯米、晚稻米，配红枣、桂圆、莲子、赤豆、葡萄、栗子、花生、白果、百合等十余种辅料。当然秘方也少不了，山药、茯苓、枸杞等中药材都是入选的"秘材"。

熬粥也是大有讲究。方回春堂熬粥的锅，是从平时熬膏方的大铜锅里挑选出来的，不用大火，只用文火慢熬，熬出的粥浓稠清香、绵软回甘。几十个药工师傅需要提前三天开始洗净材料，将有些原料浸泡、打粉、加工，然后开火熬煮，锅不离人，轮流值守。熬好的粥，会在腊八节当天凌晨，送至方回春堂旗下各个医药馆。"我们从2004年开始腊八施粥，已经坚持了十几年。一方面，是想通过这样的公益活动，来回馈市民对方回春堂的厚爱；另一方面，也是想给大家带来一份新年的好兆头。"方回春堂负责人说。

端午文化节。农历五月初五为端午节，又称端阳节，相传爱国诗人屈原在这一天投汨罗江自尽，后人为纪念他，便把粽子投入江中作祭品。同时家家户户还挂钟馗像、插艾叶、吃粽子，小孩则在额头上涂上王字，颈上挂香袋儿以图吉利。南方一些地方还有赛龙舟的习俗。

早在方氏创业时，就曾有为了报答百姓的信任和喜欢而在端午节为孩子们发放香袋的事。作为百年老字号的方回春堂，每年端午期间都会举行公益活动，积极传承民俗文化，在这一天为杭城的孩子们发放5000个香袋，让生活在现代的他们感受一下传统的民俗神韵。这些香袋是按传统方法秘制的，内有丁香、檀香、白芷、陈皮等数味道地中药材，具有驱虫除蛀、芳香醒脑等功效，既美观又实用，博得了大家的喜爱。在2018公益活动中，现场包粽子、做香袋、烧艾祈福等一系列的端午节传统活动吸引了大量市民参与。

文化传承，福泽当代。在新时代，方回春堂用发扬传统和乐施善举续写着美丽的篇章，不仅得到众多消费者的肯定和赞扬，也走上了新的历史发展时期。

四、万象更新春常驻

"春"字最早见于甲骨文，其本义是草木的种子生根发芽，后延伸至以"春"作为一年四季的第一季名。《说文解字》认为"春，推也"，也即有"春阳抚照，万物滋荣"之意，故又可延伸至生机勃勃、充满活力等意。清代曹雪芹《红楼梦》写

中华老字号

道："如今正是初春时节，万物更新，正该鼓舞另立起来才好。"春天到了，世间万物都会以一个新面貌、新形象展现在众人面前。这座生于杭州"皇城根"的中医药号似乎也与这"春"字结下了不解之缘。它的创始人表字"再春"，所以给这所中医药馆取名"回春堂"，"回春"之意，带来青春永驻的无限希望。相信这是病人与医生，顾客与医馆的共同愿望。

老字号，是一个时代的缩影，更是一种文化符号。它们用时间沉淀出独属于它们自身的品牌文化，它们是中国工商业发展的见证者，是中国历史文化的守护者和传承者。你可以说，它们是中国传统商业领域的一块磐石，一块一块堆成中国传统文化这座大山。方回春堂作为一个有着三百多年历史的老字号，一直为老字号文化的传承和发展贡献着自己的力量。近些年来，国家对老字号的关注，给方回春堂等老字号企业的发展起了强有力的推动作用。同时，随着互联网技术的不断发展，微博、微信公众号、抖音等自媒体平台的出现也为老字号文化的传承和发展提供了新的宣传平台和营销方式。

老字号如何在新经济形势下焕发生机，已成为社会各界普遍关注的问题。政府部门更是出台各项政策进行扶持，有人甚至提出"把老字号当文物一样保护起来"。老字号需要保护，老字号应该保护，但不是单单保护起来就够了，如果只会保护，不会运作，老字号就可能要变为老古董，存放在博物馆里了。老字号的重新崛起应该把重点放在自身的修炼上。老字号既然能历经几百年的洗礼还依然存在，就说明它有自己独特的地方。如果根据社会发展对自身适度创新，弥补自身不足，提高自身能力，老字号也一定能够重新崛起。互联网时代的到来给老字号提供了新的平台，最直观的表现即为老字号的电商化。方回春堂相继在淘宝、京东等第三方平台开设旗舰店。2014年的12月12日，方回春堂首次尝试了线上膏方节，使人们足不出户也能体验传统的膏方节的各种活动。这不仅有利于膏方等产品的销售，更为老字号企业产品的销售以及文化的传播提供了一条新的渠道。

花开花落，岁月更替。任何事物都要与时俱进，中医及其文化也是如此。坐落于杭州的方回春堂原是中国最古老的老字号中医药馆之一，是杭州人就近抓药的好去处。然而，随着西医、西药的普及和市场经济的发展，有些老字号药店被现代大型连锁药店收购，有些处在消失的边缘，还有些则居安思危，与时俱进，探索新的盈利模式，重振雄风。

2018年9月27日，在上海市商委指导下，阿里研究院联合北京大学光华管理学院王锐教授共同完成的《中华老字号品牌发展指数》研究报告线上发布，老字号品牌发展指数TOP100榜单（2018）新鲜出炉。

在消费升级的趋势下，广大人民群众对物质文化的需求日益增长，对产品背后的文化、历史也愈加重视。传统老字号凭借精湛的工艺与品质、精益求精的匠人精神开始重新回到了人们的视野。与此同时，拥有悠久历史底蕴的老字号在互联网和数字经济时代，也面临着巨大挑战和激烈竞争，其传承与创新成为不可避免的话题。为此，商务部、发改委等16个部门于2017年2月3日联合印发了《关于促进老字号改革创新发展的指导意见》，明确指出"推动老字号传承与创新，提高市场竞争力"。

本次文件的印发，旨在对老字号品牌发展和创新活力进行全面的数据评估，总结挖掘表现突出的老字号品牌，以此激励各老字号品牌进行改革创新，借力数据技术和电商平台，创新产品呼应消费者的新需求，重塑供应链提高生产经营的效率，走向全球统一大市场，成为享誉世界的"中国名牌"。同时，《中华老字号品牌发展指数》中也指出了当前老字号行业的一些发展现状。

（1）大部分老字号发展受限，产品创新不足

商务部数据显示，得到认定的"中华老字号"企业总计1128家，其中仅10%蓬勃发展，不少企业的经营面临着一定的困境。经过对阿里平台上一百多家老字号企业的调研发现，大部分老字号企业都存在创新发展的障碍，产品创新动力不足、组织架构陈旧、人力资本匮乏成为阻碍老字号进一步发展的前三大障碍。

（2）部分老字号借助新技术、新平台走在了创新路上

但是，在互联网和数字经济的浪潮下，也涌现了一批积极转型的老字号品牌，借助新技术和平台，在产品、营销、渠道甚至组织架构上不断创新，以新零售为路途，焕发新活力，开辟新市场，并用实践为更多老字号品牌发展带来信心。

那么，在经济飞速发展的今天，老字号该以怎么样的方式来去其糟粕，推陈出新呢？

品牌联名。2017年，全球市场的时尚新闻中，可能有接近一半的内容都与品牌联名有关。但让时尚品牌们竞相追捧的"联名"行为背后到底是门什么生意？

其中最基础的一条商业逻辑，就是品牌与品牌的相互借力。品牌联名的价值通常是双向输出，如果只是一方有收益，而另一方仅仅是付出，则这种合作不会长久。品牌利用联名来试图转变过去已经固化下来的品牌形象。

从目前的结果来看，有越来越多的品牌从联名行为中获益，而联名这个商业行为的运用正在从时尚行业横向扩展到更多其他的行业和领域中。可以说2017年是值得被全球时尚行业以"品牌联名年"的身份载入史册的一年。毕竟，现在当你看到一个新的品牌联名出现，已经不会再为此感到非常吃惊，这是因为这种品牌经营方式正在成为常态。

随着品牌联名这一营销方式的兴起，我国的老字号行业也兴起了联名热潮。例如，同仁堂与光大银行、胡庆余堂与电影和潮牌等等。

2018年，科技潮牌BUERBEAR布尔熊携手电影《我不是药神》推出限定款胶囊熊系列挂坠，新品同时联名江南药王胡庆余堂，以胶囊药丸的包装形式，结合中药配方，充分体现了治愈系的设计主题。

本次限定款保持了布尔熊一贯简约个性的设计风格，具有很强的皮革质感，钥匙扣采用金色电镀工艺，彰显奢品定位。胶囊熊对工艺要求近乎苛刻，供应商为国际大牌加工厂，每一只熊都由匠人纯手工缝制。在熊体内缝入了胡庆余堂配方香囊，有淡淡的药香味，具有开窍醒神、化湿醒脾、明目驱虫的效果。作为科技潮牌，本次跨界江南药王胡庆余堂，不仅符合《我不是药神》治愈系的定位，更是传统中药年轻化的大胆尝试，同时也是胡庆余堂品牌的文化延伸和创新。

网红经济。如果你问我：近几年令你印象最深的一个职业是什么？我的回答是：网红。网红，网络红人的简称，在中国一度是个贬义词。但在近几年，随着互联网和自媒体的发展，这渐渐成为一类群体的代名词：他们大多年轻貌美，追求时尚并且有一技之长。而网红经济是以这类人为形象代表，以红人的品位和眼光为主导，进行选款和视觉推广，在社交媒体上聚集人气，依托庞大的粉丝群体进行定向营销，从而将粉丝转化为购买力的一个过程。这类群体在社交平台上拥有大量粉丝，大多数还会拥有一间商品热销的淘宝店铺。由于变现能力强大，淘宝已经成为国内最大的网红推广生活方式的平台。

网红经济崛起的优势在于：1.推广成本低。网红依赖于自媒体，而大多数自媒体都是免费的，因此推广产品时成本很低。2.顾客忠诚度高。网红电商的顾客大多是其粉丝，这些粉丝转换成顾客的概率要远远大于陌生人，而且粉丝的忠诚度高，重复购买率远超其他店铺。3.产品针对性强。因为网红电商的顾客就是粉丝，所以其商铺可以通过粉丝回馈快速抓住粉丝的需求。4.库存低。网红电商不需要囤货销售，粉丝投票后再生产，生产量依据粉丝的需求量而定。5.年轻化。依托互联网和自媒体，是当代年轻人比较关注的。

这些优势正好是老字号所缺少的。新一代的年轻人因为时代的变迁和经济的发展，对中国传统文化的关注往往没有对新事物的关注多。所以，老字号与网红合作，也不失为一种提升关注度，发扬传统文化的好方式。例如，胡庆余堂与网红李子柒出了联名款燕窝。竹子、木头、茅草，简简单单的吊床沙发，配上白纱帐，品茶看书，微风徐来，一个带着仙气的女子，从饱含着乡土、自然气息的田园中缓缓走来。在她手中，做时令美食，做秋千，做胭脂水粉，甚至搭一个可爱又实用的面包窑，都是那样的朴实与写意。

她的品牌风格与她的视频一样，浓浓的东方古韵、传统气质怎么也掩盖不住。而胡庆余堂作为中华老字号，秉承古训，传承了140多年的药膳烹煮技艺，致力于弘扬传统的膳食文化。李子柒一直在做的事，正是重拾那些老祖宗留下的美食精髓，这和胡庆余堂可谓是不谋而合，在共通的理念下联名出品，自然也是相得益彰。同时也给老字号药号走向年轻化提供了一个很好的机会。

中国人很爱吃燕窝，它的营养与内涵吸引了大批爱美的女生、压力大的上班族和任务繁重的学生党。下到刚会走，上到九十九，燕窝都是十分适合食用的食品。

自明代以来，燕窝就是宫廷中传统的名贵食品之一。在清代，燕窝更是皇帝菜单里的首选食材。"物以稀为贵"的燕窝营养价值极高。而胡庆余堂与李子柒的联名燕窝，可谓是将胡庆余堂食材的高品质和李子柒独特的生活理念完美融合。

自媒体。自媒体又称"公民媒体"或"个人媒体"，是指私人化、平民化、普泛化、自主化的传播者，以现代化、电子化的手段，向不特定的大多数或者特定的单个人传递规范性及非规范性信息的新媒体的总称。自媒体平台包括博客、微博、微信、百度官方贴吧、论坛/BBS等网络社区。

以信息技术为载体的新媒体的发展，为中华老字号提供了良好的契机，尤其是企业自媒体的出现，不但实现了企业与消费者的直接互动，而且改变了企业品牌的信息传播方式。企业既可以通过自媒体对产品和企业文化进行全方位、立体化的报道，又可以深度挖掘消费者数据，了解消费者需求，实现"信息不对称"的企业的信息供给，给企业带来自主性、便捷性、及时性等诸多利好，很多中华老字号敏锐地抓住了这个契机，迅速地建立了各种自媒体平台。

越来越多的企业在进行品牌宣传时，不再只是依靠传统媒体而开始选择精准性、互动性更强的数字媒体。事实证明，自媒体的发展也确实为中国老字号企业的发展带来了不少惊喜。相对于传统媒体，自媒体拥有以下优势：

低成本的品牌推广。利用先进的技术手段，企业自媒体可以实现图片、动画、文字和声音等形式的有效组合，使信息翔实生动地呈现出来。内容不仅可以包括产品和价格信息，也可以包含相关文化知识信息，并且可以抛开时间、空间、地域、国别的限制，减少市场壁垒和排除市场扩展障碍，24小时不间断，接近零成本地向消费者提供信息。

高效的客户关系管理。企业自媒体的各种优点使其成为一种最方便、最有效的与客户沟通的方式，根本不用担心时间、空间、客户数量问题。既节约了客户的各种成本，也增强了客户对企业的满意度，为企业和客户建立亲密的品牌关系提供了有效的保障，企业在了解客户需求时，也可以了解市场、细分市场和锁定市场。

打破地域销售限制。中华老字号大多属于区域性品牌，这就决定了中华老字号的产品的局限性，即只能在特定的区域销售。网络营销由于没有时间和空间的限制，可以随时接受客户的订单，也可以发往各个区域，从而大大地拓展了企业销售的渠道和规模，为中华老字号企业创造了更多的市场机会。

有助品牌年轻化。2005年中央电视台推出的《品牌中国》节目，对几家老字号企业做了一个品牌联想的调查，结果显示在很多消费者的心中，老字号企业是一种穿着长袍马褂，坐着马车的老者形象。同样，打开中华老字号的介绍资料，这些企业也总是在强调企业的悠久历史，即使比较成功的中华老字号在形象上也总是给人以"老古董"的感觉。57.0％的消费者认为"传统"是老字号的主要品牌联想之一，只有7.2％的消费者将老字号与时尚联系在一起。老字号的重复购买人数亦有随着年龄递增的趋势，重复性消费者集中于50岁以上的中老年人，因此，老字号发展的关键是解决品牌年轻化问题。随着社会的发展，网络平台已经成为消费者进行消费的主要途径。因此，老字号"上网"不仅拓展了企业的营销渠道，也为企业发展注入了年轻的活力。2011年是蓝天的100年华诞，这也标志着中国牙膏行业首个百年品牌诞生，蓝天六必治以此为契机，借助时下最流行的微博与消费者进行面对面的沟通，名为"百年蓝天"的新浪主题微博连续发起多个粉丝互动活动，短时间内引发数万粉丝参与及转发，"百年蓝天"甚至一度成为网络热词，以无限活力的形象刷新了消费者对"百年品牌"的认知。

营造全新的商业模式。企业的各个自媒体平台功能不尽相同，而将这些功能组合起来，就能形成一条完整的从宣传到营销到关系管理的品牌传播链条，进而为企业营造出全新的商业模式。比如，当某个用户对一个品牌感兴趣的时候，可以上网直接搜索到其官方网站，了解品牌的详细信息。品牌官网与品牌旗舰店的互通，又可以实现消费者的直接购买。如果使用之后，有什么满意或者不满意的地方，还可以直接通过企业的意见平台或者企业微博、微信等交流平台进行反馈。同时，互联网交易可以实现企业从产品质量、服务质量到交易服务等过程的全程监控。企业还可以通过自媒体改造传统的企业管理组织结构与运作模式，比如建立企业内部的QQ群、微信群，降低企业管理中的各种成本费用，最大限度地提高管理效益。总之，企业的自媒体平台正逐步在企业的内部与外部形成一种全新的商业模式。

中医药文化之旅。杭州历史上名中医荟萃，行医世家众多。目前已打造了清河坊·南宋御街、桥西历史街区、五柳巷三大中药文化街区，名中医馆也成为富有杭州特色的养生旅游产品，养生保健已成为杭州旅游休闲发展的重要潜力行业。《国务院关于促进旅游业改革发展的若干意见》提到要积极推动医疗旅游，近几年杭州频频邀请旅行商来考察中医药旅游资源，期望借力联合推广，促进产品的包装、落地。传承文化、树立品牌，方回春堂在店堂装修风格上，充分体现"明清江南复古风"的方回春堂，在经营中则充分展现了现代营销理念。

中医药以预防、保健、康复、修养等为主的养身理念，符合当前人们对以"健康"为主题的旅游活动的需求。传统的针灸、推拿、拔罐、气功、药膳、药酒、温泉浴等，都是以中医药为特色的医疗旅游产品的供应方向，是中国医疗旅游的独有特色。

位于清河坊的杏林亭

　　我国国内的中医药资源丰富，医疗旅游却还处在萌芽的阶段。经调查，我国当前消费者对中医药养身旅游的认知度较低，国内旅游业市场秩序也比较混乱，医疗旅游的经验不足，发展受到阻碍。但可喜的是，民众对医疗旅游的认同度高，潜在市场广阔。同时，丰富的中医药资源为中医药文化之旅打下了坚实的基础。

　　老字号电商化。关于传统老字号，也许你还记得北京本土的"北冰洋"和吃饭就能想起的"老干妈"，那么你还记得专注豆腐乳的"王致和"、主打清真肉食的"月盛斋"以及曾自产自销的帽子店"马聚源"吗？我想答案是否定的。老字号有它好的一面，也有它悲催的一面，美好的一面是老字号有天然的好品牌基因，但是不好的一面体现在它背面的封闭性。我们所有的老字号在产品和企业转型的过程中，尤其在现在整个互联网经济的发展的条件下，都遇到了一些这样那样的困难，所以虽然是老字号，但绝对不是销得最好的。在新的市场环境下，老字号在产品创新、营销理念以及公司战略等方向需要借助新力量来突破目前存在的困境。中华老字号大多有着悠久的历史，在一定意义上也是中华民族的珍贵遗产。那么，

方回春堂

通过互联网的力量帮助老字号们打通供给侧和消费端的通道，重新建立和消费者的亲密连接，重新激活老字号品牌就尤为重要。

方回春堂也深深明白这个道理，他们相继在淘宝、天猫等第三方平台开设旗舰店，后又欲通过官方独立商城打造企业品牌形象。方回春堂作为传统企业，已经意识到传统企业官网无法满足企业品牌需求，融合电商元素才是未来企业官网发展的方向。

方回春堂作为传统行业做电商，线上的销售渠道比较狭窄，目前只牵手了天猫、京东等几个国内有名的电商平台。随着第三方电商平台运营推广成本的攀升，在竞争越来越激烈的形势下，需要通过官方独立商城打造企业品牌形象，实现线上线下门店的融合。

世间万物皆有其时，中国人千百年来的经验与智慧伴随着中药，走进历史的漫漫长河，成为守护华夏民族繁衍生息的秘方。而方回春堂作为中药老字号，在中医药文化新旧冲突的浪潮里，也曾历经挫折，艰难前行。近年来，国家逐渐重视传统医药的复兴和发展，方回春堂顺应时代潮流，于2001年在河坊街原址恢复营业，重新焕发属于它的光辉。但老字号的复兴发展从来都不是一蹴而就的，老字号的崛起与辉煌是我们的前辈筚路蓝缕艰苦奋斗的结果，而老字号的重生更离不开我们当代人的付出与坚守。

随着新时代经济的不断发展、人们的生活和消费方式的不断更新，作为拥有悠久历史文化内涵的老字号，方回春堂还需要不断的努力，才能成为传播中药文化和老字号文化的中流砥柱。

悠久的中医药文化历史，典型的明清江南传统建筑，这个古老而至今仍极具活力的中医药堂，就是今天的方回春堂。方回春堂始终遵循着"许可赚钱，不许卖假"的祖训，坚持中医名师配伍，选用道地药材、国家级非遗熬膏技艺，为千家万户送去春意融融的幸福与健康，为发扬祖国的中医药文化而矢志不渝！

万承志堂：盛世重醉药酒香

常言道："神仙好当，生意难做。"这世上本就没有长盛不衰的买卖，全赖世道的平靖和店家的操持，积年累月，方才能磨出一家四邻赞誉的老店来。杭州作为东南形胜的都会，地氛宜商、四民重商，可谓是生意人的洞天福地。若是到吴山脚下的清河坊去走上一遭，那简直是进了老字号的博物馆：孔凤春、张小泉、翁隆盛……据说市面鼎盛的时候，有69家老字号同日开门营业，而这每一个如雷贯耳的名字背后，都是老杭州的一段风流与繁华。

在这琳琅满目的老字号里，药业绝对是那颗最瑰丽夺目的明珠。自南宋以降，在杭城云起云落的大小药铺可以说是数不胜数。对外，它们撑起了后来足以与北京齐名的南方药市，于中国医药史上留下了浓墨重彩的杭州印记；对内，这些中药店堂密切分工合作、秩序井然，按规模可分为大、中、小三类，经营风貌各具特色。

小店数量最多，遍及城乡镇埠，通常贩卖大店堂的成品膏丹，以及各类常见、常用的普通药材，价格亲民，店主往往身兼数职，既会看病，也要做药。中型药店则设置于闹市中心，店面古朴高雅、前店后厂、药香四溢，郎中、药工、伙计各司其职，自己配制丸散膏丹与各类饮片，讲究质量和信誉，账面清楚，深受群众信赖。但药业中真正的老字号，往往是那些声名赫赫、医药两全的大药店。这份沉甸甸的名单，数百年来多有变化，到了清末尚有"六大家"的说法，万承志堂正是其一。

"承德怀志，仁医济世"，虽然没有胡庆余堂名震南北的浩荡气势，也无方回春堂专精儿科的家传医术和张同泰掉阖商海的深谋远虑，但万承志堂作为"六大家"中诞生最晚的晚辈，自诞生之日起一直勤恳经营、谦逊务实，逐渐在高手如林的杭城国药行当站稳了脚跟。商运同国运，近年来，万承志堂在消失于公众视野逾一甲子岁月之后，在盛世气象的滋润下破茧重生，缔造了一出凤凰涅槃的动人传奇。

一、子承父志济世人

　　自鸦片战争战败被迫开埠通商以来，清廷的威信可以说是白露后的庄稼——一天不如一天。人们常说"时势造英雄"，清末的中国大地上翻天覆地的变化，终究是捧出了几个叱咤风云的人物来。他们身为历史的一部分，也对历史的进程起着推波助澜的作用。许多看似八竿子打不着的事件，若是追根溯源，尽头却又是那几个熟悉的名字。正如杭城新兴国药馆万承志堂的设立，就与曾国藩大有联系。

　　清咸丰二年(1852)，太平天国起义军从广西出发，沿长江一路东进，连克数十州县，清朝八旗的军队完全没有还手之力，反而曾国藩自主编练的湘军逐渐成为主力。然而，旷日持久的战争让湘军的军饷问题日趋严峻起来，上头的清廷出于对地方武装的猜忌，始终不肯给予充足的粮饷，曾国藩愁上眉梢、急在心头。

万承志堂

江西丰城的万家族长听说湘军的情况后，决定捐出家中的大半积蓄充作军饷，解决了曾国藩的燃眉之急。太平天国运动最终以失败告终。万家先祖得知消息后决定迁至东南商业重镇杭州创业。曾国藩没有忘记雪中送炭的万家，特意赠送了他一处位于杭州的宅邸。

曾国藩所赠的这处宅邸毗邻清泰街，恰好处于东河与中河之间，东抵佑圣观路，西达义井巷，北接长乐里，南至柴木巷，不仅位置风水绝佳，而且面积十分广大，其中最大的一间厅堂，被坊间艳羡地唤作"百桌厅"。民国之后，当时的杭州市政府新施民政，将万家这处老宅登记为"柴木巷1号"，因而"柴木巷万家"的名号，就此不胫而走。

在旧时耆老的口中，住在杭州城里的豪门大族有"杭州十大姓""杭州八大姓"的说法，清末举人钟毓龙的《说杭州》，则有"七家"之称，不论哪一种版本，柴木巷万家绝对是位列其中之一的。"老杭州"们见惯了世面，对于那些在杭城只荣耀了一时一世的富商，如胡雪岩，他们只称之为"大宅"；只有累代繁华的族裔，才有资格称之为"家"。而万氏自江西迁到杭州以后，足足昌盛了六七十年，万宅大门内还悬有"五世同堂，一门两见"之匾额，这才不愧"柴木巷万家"的名号。万家的兴旺发达，由此可见一斑。

自打一开始，万家就在杭州经营着多样化的产业。据万氏的后人回忆："当时万家在杭州极为兴盛，清泰街上的泰和当铺、清河坊那里的永春茶叶行也是万家的产业。"鼎盛时，万家还另开设有绸缎布庄。迁杭不过十年，万家可谓是财源滚滚，完全超越了过往单做棉花买卖的规模，吃穿用度完全不是问题，一家上下，人丁兴旺。

本来生意做到这般程度，还有什么不满足的呢？但是，那位经历过战乱的万家老爷子，心中却一直有另一个想法。如今他虽然已经穿着绫罗锦缎，在宽敞气派的大宅门里颐养天年，可每到夜深人静的时候，他却时常会想起战乱与荒年里那些缺医少药的百姓。那些可怜的人们大多只是得了一些微不足道的小病，却因为没能得到及时的医治，最后只能哭着喊着，在痛苦折磨中卑微地离世。

"万家要为天下苍生着想，开一间顶好的药堂！不能让那些本能救回来的人，给阎王爷不明不白地判走了。"老爷子不止一次跟自己的大儿子，也就是万家后继的掌门人万嗣轩如此说道。道光二年（1822）出生的万嗣轩同样也是战争的亲历者，他十分体谅父亲的想法。只是万家此时的产业已经足够驳杂，暂时没有充裕的资金来购地置业。更何况，杭城的药业早就被数家大户把持，新开的药堂想要在收售药材、招聘医师等领域虎口夺食，纵使是身为一代巨贾的万嗣轩也觉得前景不甚明朗。因此，他只是将父亲的嘱咐默默记在心底，并没有付诸实施。

　　或许是年纪大了，或许是心中有此忧愁郁结，万家这位先祖的身体，眼看是日渐单薄下去。光绪元年（1875）某日半夜，万老爷子突然腹泻不止，情况紧急，万家人赶忙遣仆人去附近的一家杭医名馆买药。很快，敲门声就响彻整条寂静的大街。谁料当时的国药界尚没有深夜营业的规矩，门童嫌去叫醒大夫太过麻烦，不愿开门，很快两方就隔着门缝争执起来。吵闹愈演愈烈，最终，门童撂下狠话："有本事自己开药铺去！"然后就彻底把大门关死，不再应答。万家的人只能回到大宅，让几个粗通医术的伙计勉强应付局面。经过此番折腾，万老爷子更加气虚体弱，没过一阵子就彻底撒手人寰。

　　对于父亲的故去，万嗣轩是又悔又恨：若是早有自己的药堂，哪会发生这样的事情？联想到父亲过去的谆谆教诲与医馆的推诿之词，万嗣轩心里就像是压着一口气。他心底一横，暂时将万家的其他产业交给别人打理，打定主意要把国药铺创立起来。于是，万嗣轩先是向杭城既有的医药业领军人物学习经验，疏通药材买卖的关系，后又四处寻觅成名的医师，收集四散的秘方古方，再亲自考察合适的地块备办建材。不出半年时间，一间典雅豪华的药堂就在紧邻着万家老宅的沿街地带矗立起来，好巧不巧的是，这药堂位置恰好在那家医馆对面，店面却比它要大上许多。由于办堂是继承老父济世救人、利济苍生的夙愿遗志，万嗣轩为之起名"承志堂"，加之创立者缀姓的传统，是为"万承志堂"。

　　从江西的棉商世家，到叱咤杭城诸多行业的豪门大族，万家在动荡混乱之时的这场华丽蜕变，颇有令人感慨的传奇色彩。"有心栽花花不开，无心插柳柳成荫。"百多年后，万氏其他称誉一时的产业都随着历史的风云变幻而烟消云散，唯有这万承志堂，倒成为柴木巷万家留给杭城的一个老字号。那位没能在历史上留下姓名的万家先祖大概不曾想到，他在晚年对后辈子孙的那一份期冀，却使得杭城的国药界诞生了最后一颗熠熠生辉的新星。

二、秘典药酒冠江南

　　清末民初的杭州，有名有姓的大中小国药号不下百余家，大多是数代绵延，各有各的家传奇技。而作为后来者的万承志堂，之所以能从蹒跚学步的跨界门外汉，一步一步成长为雄踞杭城一方的医药业巨擘，仰赖的正是万氏与其后继者对医道原则的诚心恪守，和他们虚心勤勉的经营方针。

事实上，万承志堂与那家医馆隔街相望的布局，并非仅争一口气的义愤之举，而是考察商机地利后深思熟虑的结果。万承志堂的地址，确切地说，是清泰街附近即柴木巷到义井巷一带，佑圣观路和九曲巷的中间位置。清泰街虽然不及杭城自古以来的市中心——河坊街一带那么肆市林立，但商业条件却只好不差。街如其名，这条宽敞的大道连通着清泰门，是海宁、海盐和平湖进杭州的交通要道，本就人流如织；在1926年清泰门外新修铁路之后，清泰街更是自湖滨前往城站火车站的必经之路。东西走向的清泰街，被南北纵贯的大街小巷分作几大段，各有各的称呼，而万承志堂所在的这一段被叫作焦旗杆（有些文献讹作焦棋轩）。相传此地原是南宋的皇城根，只是一场大火过后，其他城垣建筑不复存在，只剩下一根烧焦的旗杆，因而得名"焦旗杆"。焦旗杆其名不扬，却是清泰街的精华所在，东接东河，西邻中河，水运条件再方便不过，对于需要日日转运药材的商号来说，这是得天独厚的条件。

也许是同业间互相学习的缘故，万承志堂以河坊街上的胡庆余堂为参考的蓝本，不仅高广气派的外观门面十分类似，连占地面积也与胡庆余堂一般无二，足有3000多平方米。整个药堂分为三进：从悬挂着"承志堂"匾额的正门进去，首先见到的就是日常营业的第一进，长长的漆木柜台横亘在厅堂正中，四周则摆满了高高的中药储柜，当日坐诊的医师和负责抓药的伙计就在这里静候客人们的到来。柜面之后设有一处小天井，天井种满了紫藤花，一圈儿被宽敞的、能遮风挡雨的挑檐回廊护着，一旦下雨，雨水就顺着屋檐汇聚到天井之中，民间传统里水与财富相通，这样的设计讨的是"肥水不流外人田"的彩头；回廊里还设有让人坐着歇息的长凳，诊治完毕、需要取药的客人可以在这休息，等待店后药坊里的膏丹新鲜出炉，而他们一抬头，还能看见走廊的柱子上，竖悬着一块吊牌，两面都有"万承志堂饮片"的鎏金大字，起着醒目的广告作用。第二进是禁止闲人入内的，因为此处是账房和大大小小的制药工坊，事关药堂的命脉，丝毫马虎不得。最后一进则是万承志堂的仓库和细料房，不但有专人日夜看守，还另开小门与街巷相连，每日水运而来的药材，就从这里入库归类。

"呦呦鹿鸣，食野之苹。"《诗经》中对鹿的描摹让人印象深刻。可杭州城并没有鹿活动的痕迹，杭州人大多是只闻其名而不识其身。而鹿不单单是一种普通的动物，更是一种殊为重要的中医药资源，无论是鹿茸、鹿血还是鹿胆、鹿肉，都是价值不菲的珍贵药材。因此，一些狡猾的商家往往以次充好，用其他动物制品讹

光绪年间浙江药瓶

光绪年间钱塘江流域青花研钵及杵

荐桥直街丰禾巷口万承志堂开张药瓶

称为鹿制品，在杭城内大肆兜售，白白耽误了许多病人的诊治。为了赢得百姓的信任，杭城里有实力的国药号，纷纷从外地购入活鹿豢养，万承志堂也不例外。当时，万承志堂在三进厅堂的左后侧，另辟一鹿园，常年好生养着十余头梅花鹿，每年开春自割鹿茸做药，只有病人性命危急时，才会忍痛杀鹿取材。因此，万承志堂所产的鹿胶、鹿茸，在坊间素有美名。

万承志堂养鹿，体现的是其对药材品质的高追求、严把关，这也是药堂"蓄四方之药，治天下之病"宏远志向的生动体现。在传统中医药行当，只要是上规模的铺子，那一定都是医药并举，即自身既包揽药材采买、药品制作的任务，又负责行医治病、开方抓药的工作。在创馆之际，万嗣轩就立下"做药务真，不得欺客；行医务正，不得欺世"的要求，要求本馆所售药材务求道地纯正，誓不以假取利；所请医家务求品正医精，誓不以虚名误人。开馆数十年来，万承志堂对药品质量的讲究可以说是到了严苛的地步，其药有所谓"虽多有繁杂炮制之加工，而从无省工减料之不当"的说法。除此以外，万承志堂每年都要派出大量精明能干的伙计奔赴全国各省乃至海外采办一手药材。印制于清光绪十一年（1885）

河坊街门店

的一则广告恰能表现这一盛况："本堂自运各省道地药材，拣选炮制饮片，虔修丸散膏丹，杜煎虎鹿龟驴诸胶，秘制各种花露药酒、秘方痧气灵丹，采办暹罗官燕、关东毛角鹿茸、野山高丽东西洋参，虔诚修制，不惜工本，定价划一，童叟无欺。"万承志堂对药材的这种一丝不苟的态度，同样也得到了社会各界的一致认可。在1929年6月6日举办的首届西湖博览会上，万承志堂精选参展的雄黄、鹿角胶、麦冬、川黄等药材，尺寸过人、外形优美、修制整洁，尤为突出，让见多识广的与会专家和国药界人士都啧啧称奇，最后一举斩获博览会特等奖的殊荣。

在杭城激烈竞争的国药号，每家都有自己独到擅长之处，而万承志堂赖以成名的是它秘制的药酒。《杭俗遗风》中曾记载：在杭州药店中，"就其最著称者有胡庆余堂、叶种德堂之药材，万承志堂之药酒，皆称一时矣"。而深入杭城街头巷尾，我们还能听到这样的民谣："家有承志酒，长幼保康寿。"药酒是中医药食同源的一个缩影，早在迁杭以前，万家人就好喝酒、擅制酒，而万承志堂开设以后，这便成为万家跨界涉足医药业的不二法门。万氏药酒精选道地药材、上等佳酿虔心制作，亦药亦酒，其种类主要有六，分别是史国公药酒、京方加皮酒、养血愈风酒、参桂养荣酒、虎骨木瓜酒、佛蓝洋参酒。据传世文献称述："神酒能祛风活血，或半身不遂，手足麻木，骨节酸痛，相其病源择所制诸酒中宜者饮之，自然营卫调和，补精益气"，"能辅人之养生，助药之不及，是以其功不在诸品之下也"。万承志堂以其炮制的药酒驰名，药酒被坊间视作强身健体、藏阴潜阳的珍品。凭借着在药酒一门的独到技艺，万承志堂的生意蒸蒸日上，被誉为"江南药酒王"。

历史上，许多药铺虽有名药著称于世，后世却鲜有流传者，而我们今天之所以能对万承志堂的药酒有如此清晰的了解，甚至随时能复原其传统技艺，原因就在于万氏精心编纂的医药宝典《万承志堂丸散全集》，或称《万承志堂丸散膏丹全集》。全集成书于清光绪十一年（1885），由万嗣轩亲自督刻。这位承志堂的创始人清楚地知道，自己的家族并没有医学上的传承与造诣，与别家直接竞争肯定要落于下风，因此他一面积极地延请品行端正、医术精湛的医师来堂坐诊，一面则致力于打破门第之见，四处搜罗江南各地各堂流传的医方与药材炮制的技术，汇编为一册百科全书式的著作，想着为医师们的制药和诊断提供力所能及的帮助。作为万嗣轩辛勤努力的成果，这本《万承志堂丸散膏丹全集》系统地记载了15大类600多种丸散验方、秘方，全面阐述了这些珍贵处方的功效、主治、服法等内容，部分方剂还记有所治疾病的成因等，严谨翔实，为万承志堂药材修合之功（即丸散膏丹的制作工艺）奠定了尤为坚实的基础。全书不分卷，书中列补益心肾门、儿科门、油酒门、饮食气滞门等15种，所录方剂以古方为多，据考证是自南宋以

博厚高明

来江南最为完整的中药古籍，堪称中药传统文化的精髓。直至今日，此书对继承和发扬我国中药炮制行业传统文化，仍有着较大的价值。

外则占据地利、布局馆址，内则精选药材、秘制药酒、辑录药典，万承志堂的经营策略，可谓一步一个脚印，走得相当坚实，很快便在杭城打开了市场，取得不俗的销量成绩。但万承志堂自创立之初就不是为了与民争利而存在的，万嗣轩始终遵照父亲的遗嘱，秉持着"乐善好施，仁医济世"的宗旨。他曾亲自立下规矩：发病无时辰之分，药馆必须昼夜配方卖药；行医务仁，本堂对贫困病人一律免费送药，对贫穷危难的人另外布施钱财；浮财无用，每逢初一、十五，所有药材补品都九折让利于民。万承志堂的这一系列措施，让其在百姓间得到了极好的声誉。

除此之外，万承志堂还十分热心于公益事业。药堂有这样一条铁则：本堂的盈利，除了维持日常开销外，其他都用来布施贫病平民和支持教育公益事业，比如每年对宗文义塾都有不小数目的捐助。宗文义塾即后来的宗文中学、杭州第十中学，是杭州最古老的中学，其创立者为"北武（训）南周"之一、著名教育家周士涟。周士涟本为嘉兴人，一直致力于创办让穷人孩子也能接受教育的民间学校。

嘉庆十一年（1806），周士涟受杭城名绅郭星桥、沈典虞、唐竹斋等盛邀，得嘉兴名绅汤绍歧以及杭州社会名流鼎力资助，在杭州三桥址安定巷租赁屋舍，创建杭州宗文义塾。所谓"义塾"，指的是其学生除了自备衣被以外，一切学习、食宿费用全免，但必须具备两个条件：一是"孤"，即没有父亲的孤儿；二是"寒"，即家境贫寒。由于管理得法，教学有方，学生认真努力，宗文义塾培养出了很多人才。办学仅一年，即1807年，宗文义学就有三名学生高中秀才，名震杭城；后来更屡有学子进士及第，甚至夺得探花（一甲第三）、传胪（二甲第一）的名次。1861年，宗文义塾校舍毁于战火。1867年，浙江巡抚马新贻同意杭州名绅丁申、丁丙及宗文塾生的联名上表，把杭州皮市巷南园拨给宗文义塾。据《乐善录》记载，包括柴木巷万家在内的杭州六大世家，以及胡雪岩等富商豪贾，每年都对宗文义塾有大量财物或书籍等的捐助。今日，杭州第十中学仍保留有全省最大的中学古籍库之一，藏书一万多册，其中或许就有不少来自万承志堂的慷慨支持。

三、万氏让贤传佳话

清光绪二十四年（1898），一手创设了万承志堂的万嗣轩安详地离世，他的长子万一奇子承父业，继续潜心经营，把各项产业打理得井井有条。不过，万一奇后来高中科举，官至三品两浙盐运使，需要总理江南地区的官营盐务事业，无暇分心自家的产业。于是，他在赴任以前，必须为万承志堂觅得一位合适的管理者。这时候，药堂内的一位年轻人进入了他的视野，此人就是俞绣章。

俞绣章（1882—1964），宁波慈溪鸣鹤场人。慈溪鸣鹤，这是一个在中国近代国药界如雷贯耳的地名。据统计，清末民初的时候，杭州经营国药业的业主中，杭州本地人的人数并不占优，反而宁波出身的人士达到了约一半的占比，被称为宁波帮。宁波帮以慈溪籍占优势，慈溪籍中又以鸣鹤人为主。明清以降，鸣鹤人凭借着家族间的传帮带以及出色的经营能力，在国药业的地位愈发稳固。研究发现，及至20世纪30年代，鸣鹤场有约80%的人外出经商，做老板、经理的有200户，外出做店员职工约600户。鼎盛的时候，杭州六大国药铺的经理都是鸣鹤人。故此，鸣鹤也被称为民国时期中国国药业的大本营。

正是在家乡如此浓厚的医药氛围浸染下，俞绣章在年仅12岁时，就被推荐进入万承志堂当学徒。不过六年的时间，他就凭借自身出众的才能和诚朴的品性，被擢升为药堂的副账房。再之后，这位年轻人受到了药堂东主兼经理万一奇的赏识，跟随他学习药理医学知识和商业经营的手段与技巧。渐渐地，俞绣章成为万承志堂发展壮大的一员中坚干将，在万一奇赴任公职以后，一力担当起全堂各方面的事务来，成为店内实际上的话事人。1925年，万一奇去世后不久，万家上下自认为族内没有比俞绣章更合适的人才，自愿退居幕后，效仿杭城其他药铺的职业经理人制度，由他来接任承志堂的经理一职。

1930年，杭城最大的国药号胡庆余堂遇到经营困难。作为一家合资的公司制企业，胡庆余堂的股东会经过讨论，决定向全杭州各大药铺寻求奥援，希望各家能推荐优秀的管理人才来帮助这家传奇老店走出困境。俞绣章因此辞别万家，来到胡庆余堂担任协理，至1934年又被提升为经理。俞绣章上任后，在管理上推出了极为严格的规章制度，药堂经营状况渐趋好转，次年的营业额就回到杭州同业之首，他也被后人评价为胡庆余堂史上，继创始人胡雪岩后最重要的中兴人物。而俞绣章之所以能够交出这样一份漂亮的成绩单，与他在万承志堂三十六年的锤炼是分不开的。时至今日，俞绣章的嫡孙阿牛师傅，仍在方回春堂担任膏方制作工艺的传承人，成为杭城国药业界密切关系的最好见证。

俞绣章离开之前，也为万承志堂安排好了合适的继承人，那就是自己的左膀右臂支文良。支文良同样是鸣鹤人，毕业于宁波中学，是鸣鹤国药业新兴的后辈人才。他在俞绣章苦心经营的基础上，继续深化拓展万承志堂的业务，药堂的生意臻至顶峰。据《杭州医药史》记载，1931年，万承志堂足有80名店员、10名学徒，员工规模仅次于清河坊的胡庆余堂、叶种德堂二堂；固定资本达到两万元，仅次于胡庆余堂；年营业额达到18万元，在整个大医药行业内，也仅次于胡庆余堂、恒丰药行和叶种德堂。此时，万承志堂与胡庆余堂、叶种德堂、张同泰药店、方回春堂及泰山堂共称"杭州国药六大家"，而万承志堂位无可置疑地居第三位。它又与胡庆余堂、叶种德堂并称杭药"三门市"，即本店出产的膏丹丸散自产自销、独家经营，与将自家成药批发给外埠中小药店分销的"三拆兑"方回春堂、张同泰、泰山堂遥相呼应。

可惜好景不长，之后的几年间，传统国药业受到新兴西医的严重冲击，同时上海现代医药业的崛起，也让杭州南方药市的桂冠失色不少，整个杭城医药产业的营收，突然显现出雪崩式的下降，城内外中小药店的纷纷倒闭。万承志堂作为杭州国药的领头羊之一，自然不能置身事外，在这风雨飘摇的时刻，它迎来了自己最后一任经理——卢裕晋。

卢裕晋出生于著名的医药世家，从小便接受了系统的传统中医药教育，不仅自身医术高超、药技过人，更是在医道经营上极具天赋。在20世纪30年代，卢家在杭城国药界声名鹊起，有许多家族成员担任医馆要职，如其幼弟卢裕国便是方回春堂在新中国成立前最后一任经理。据卢裕晋的孙子、同样在国药行业工作数十年的卢连芳老人回忆，他的祖父刚就任时，万承志堂的营业额不到先前的一半，平日里顾客稀少、门可罗雀，连原本豪华的店堂装潢都衰朽了不少。而卢裕晋一面对万承志堂的经营模式进行一些现代化的改造，一面凭借着自身在杭州国药界的人脉，以亲属和老乡的关系为出发点，力主杭城各大药房应互相协助、共克时艰，最终使得万承志堂渡过难关，风头一时无两，生意也大有起色。

在卢裕晋主持万承志堂时期，他还在国药界留下一个让人津津乐道的故事。相传有一天，一位病家来到万承志堂配方，方上写着一味草药：草决明，又名决明子、马蹄决明。而当时值班的店员一时疏忽，误配了另一味相似的中药青葙子。病家粗通草药，他们发现这一情况后，马上气势汹汹地来到店里反映，并故意恫吓说，病人服用错药后病情恶化，药店必须承担一切责任，给予足够的赔偿。药店错配药味，事关人命，如果事情闹大，万承志堂的声誉将受到很大的影响。伙计一下子慌了神，连忙去给经理卢裕晋打报告。但卢裕晋自身也是一个精通医道的行家，他知道草决明和青葙子药性相似，都有平肝明目的功效，即使错配误服，也绝不会使病情恶化。因此，病家借这样的说辞向药店发难，一定是企图向万承志堂勒索钱财。想到这里，卢裕晋并没有着急出门去和病家理论，反而让伙计去给病家备茶，稳住对方的情绪，自己则立即备好笔墨，联系杭州药业同业公会的负责人，让他马上向全市药店发了一纸公文。公文规定：草决明即是青葙子的别名，凡是药方上写草决明的一律可配青葙子，而写马蹄决明才配决明子。等通知到位后，卢裕晋这才慢悠悠地走到前台，告诉仍在大发脾气的病家："本店并没有错配药材，草决明即是青葙子，青葙子即是草决明，二者本就为一物。不信，请诸位去别处询问便知。"病家一下子愣住了，忙派人去街上打探，只见所有大小药店门口都张贴着一份簇新的红纸公告，说草决明即是青葙子，这场因失误引发的闹剧这才草草收尾。自此以后，杭州及浙江各地的药店都把草决明与青葙子作为同一味中药，沿用至今。而其他药店的经营者听说了此事的原委，无不钦佩卢裕晋的智慧与手段。

个人的才华能力与悉心付出，或许能改变一家商号的命运，但在汹涌的时局面前，再庞大的生意也不过是沙粒堆成的城堡，海浪一拍即碎。1937年7月7日，抗日战争全面爆发；12月，杭州沦陷，日军的铁蹄开进杭城，给这座城市带来无尽的灾难。最先受难的是无辜的鹿，包括万承志堂在内的几大药堂所豢养的数百只药用梅花鹿，不出几日就成了日军的腹中餐。再之后，日本人以战争需要为由，几乎将所有国药号库存的药品搜刮一空。备受摧残的中药业商家本想苟且经营下去，却发现交通线早已被日军阻断，药路断绝，制药更是无从谈起。因此，全杭州的中成药生产萎缩了大半，药市极为萧条，不少药店选择内迁管控不严的县镇或干脆停业。而作为杭州国药业魁首的大药堂们，也纷纷闭门歇业。

为了避祸，万承志堂背后的万家，选择举族迁回江西南昌，暂时落足在一个叫高升巷的地方，万承志堂遣散伙计，只留下经理卢裕晋和几个药工留守。日军攻破杭城后不久，汉奸组成的维持会强制要求各大药堂复市，但各家都因遭受损失、资金不足、原料缺乏等原因，只能维持生计。屋漏偏逢连夜雨，没过几日，万承志堂存放着仅剩药材的细料房不慎失火。熊熊火焰焚尽了这座饱经风霜的药堂所有的元气，其生产销售链条彻底断裂。这下子，哪怕卢裕晋有回天医术，也难在战乱中重整基业，挽回药堂衰败的命运。显赫一时的万承志堂，就这样在无尽的怨愤中倒闭，作为它数十年生涯结晶的《万承志堂丸散膏丹全集》，也就此散佚他处。

在清末民初的杭城药业六大家中，

陈同寿设色《松鹤图轴》

陈子奋《松鹤图》

万承志堂共历62载，其肇起于1875年，诞生之日最晚，倒闭于1937年，衰亡之时却最早。抗战胜利之后，杭城早已是千疮百孔，柴木巷万家的名号逐渐淡出人们的记忆，万承志堂气派非凡的青砖门墙铺面，也被挪给重建的邮政局使用。万承志堂就像那些杭药界的前辈一样，似一颗划过长夜的流星，在杭城国药史上绽放出闪耀的光彩，空留给后人一段关于药酒与药典的传说。但商运与国运相连，当卢裕晋在尘封的药堂大门前长叹一声时，他或许无法想象，万承志堂利济苍生的壮"志"，在又一个甲子之后，还能有被传"承"的一天。

四、新人重启旧时扉

时光悠悠，20世纪转眼走到了最后一个十年，杭州市委、市政府为了弘扬发展杭城的商业文化底蕴，开展了系统的老字号挖掘恢复工作，而国药业作为老杭州最为繁荣兴盛的行当之一，被视作这一系列工作中需要重点关注的对象。旧时的杭州药业六大家，为首的胡庆余堂早在1980年就恢复了门市部的营业；而排名第二的叶种德堂，也在多方人员数年的努力下，于2001年在原址恢复本来的面貌；紧随其后的万承志堂，自然也成为众人格外关注的下一个目标。但与新中国成立后主要并入国有医药企业体系的前两者不同的是，万承志堂早在抗战之初就彻底破产停业，不但它的特色技艺和产品早已失传、旧址已经风貌大变，而且没有现成的市场主体去实施药堂的复建工作。万承志堂的重现，一时间陷入一个尴尬的僵局。

化解僵局，有时只需要一个小小的契机。2004年11月，三位曾参加过老字号恢复工程咨询工作的医药界专家——浙江省中医药学会肖鲁伟会长，浙江省著名中医肿瘤专家吴良村教授，以及浙江中医学院（2006年更名为浙江中医药大学）原院长、中医学界的前辈何任教授——参加了一场聚会，席间三位老先生情深意切地讲述了万承志堂兴衰沉浮的故事。这样的聚会已经有过多次，老先生们对万承志堂的历史都已耳熟能详，但就是无法打动与会的企业家和投资人，让他们参与到恢复这座药堂的工作中来。不过这一次，情况似乎有所不同。

坐在另一侧的，是来自浙江鑫禾实业集团的董事长杨罕闻先生与另一位董事兼总经理的赵子旦女士。杨罕闻的另一重身份，是浙江儒学会的副会长，他本身就是一位文史爱好者，自小就对老字号的故事充满了兴趣，而万承志堂的遭遇显然触动了他。杨董事长当即表示，在万承志堂原来的位置重建店堂已无多大可能，而自己恰好在以集民间艺人、小吃饮食、土特产以及中医中药文化四大业态为主的历史文化特色街区清河坊有一处合适的铺面，此乃恢复万承志堂的最佳地点。另一边，赵子旦女士身为浙江著名的女企业家，她也萌生出重振这一品牌的构想，不过出发点有所不同。赵子旦知道，鑫禾集团原先以典当、拍卖等金融业务起家，眼下公司发展正遇到一个瓶颈期，而随着经济的发展与民族自信的复苏，人们对中医的热情正在被重新点燃，这完全是一片崭新的蓝海。"一方面是出于实现品牌传承，提供高性价比中医药诊疗服务的愿望；另一方面我们预见到伴随中国经济发展和大众对健康养生的重视，中医作为国粹，它的价值也将被再次发现。"

就这样，这群由衷地希望能够将杭州的传统中药业发扬光大的人们，成立了万承志堂恢复工作筹备组。筹备组很快便得到了更多浙江中医界知名人士的支持，并于2004年12月正式向工商局提出恢复老字号万承志堂的申请。工商局的负责人认为，每一个老字号的恢复，都意义重大，必须慎重对待，因此他们对投资方的选址、经济实力等一系列要素进行考察。结果各方面的条件都让工商局的同志十分满意，最终，他们同意了这一申请。自此，万承志堂的保护和继承开始进入实质性的进展阶段，新堂址的施工工作由鑫禾方面负责，而更多的人力物力，则投入到搜集万承志堂存世的蛛丝马迹上来。

世上最幸运的，莫过于好事成双。或许是老天也为万承志堂的不幸遭遇而感伤，一条关联着万承志堂的重要线索，很快就自己撞到筹备组的怀中。2005年2月，何任教授与他的夫人、时任杭州师范大学教师的陆景涛老师，受人之邀前往杨公堤畔的郭庄喝茶。正在众人闲谈之际，忽然，放在水边的一块石头引起何教授的注意，石头上隐约看出来有"万承志堂"几个字。他心里一动："这难道就是当年万承志堂的那块界碑？"原来，相传万承志堂的旧址曾有一块著名的界碑，足有一米多长、半米多宽，虽然此地的建筑几经变更，但这块界碑一直没有挪过位置。但后来不知道哪年，这界碑就不翼而飞了。这位医学前辈马上将这一情况告诉了筹备人，得到了极大重视，经过核实，这块石头果然就是当年的那块界碑。大家推测，郭庄在新中国成立后曾长期闲置，渐至屋舍坍圮、荒草丛生，因此在1989年，市园林部门曾对此园进行修整，这块界碑或许就是在那时辗转来到这里的。

界碑一经发现，筹备组就与郭庄管理处进行协商，希望能将此碑归还给新建的万承志堂。经过协商，郭庄同意出让界碑，可是为了保持景点的风格不被破坏，他们提出，要有一块差不多成色的石头作为交换放在原处。为此，万承志堂的筹备人员走访许多农村，终于在几个月后找到了一块符合要求的石头。就在一组工作人员寻觅替代石料的当口，在2005年5月，筹备组还抱着试试看的态度，以发现界碑作为新闻线索，委托杭城的各大媒体寻找柴木巷万家的后人。没想到半个月以后，他们真的与两支万氏后人取得了联系。

第一位老人名叫万绍文，她是一位当时已89岁高龄的老太太。实际上，早在许多年前，万老太太就曾和女儿刘佩路一起造访过郭庄，知道自己家传的界碑就在此处。后来，刘佩路还写了信到处求助，希望引起有关方面的重视，只是没有得到回应。万绍文是所有在世的万家后人里，对万承志堂最为了解的，因为她就在药堂里长到十余岁，对堂中的布局和摆设再熟悉不过。通过与万老太太的沟通，筹备组对万承志堂的旧貌有了更加准确的认知，这给药堂的复建复原工作提供了很大的帮助。

第二位老人名叫万零，当时已经有82岁，退休前是浙江大学的一位教授。按辈分，万零是万嗣轩的曾孙，即万家的第四代后人，比万绍文老太太还长一辈。但万零这一支很早就不参与万承志堂的经营，他关于药堂的记忆，大多来自父辈栩栩如生的描述。因此，当他看到媒体上关于"万承志堂"的报道以后，就一阵激动、分外高兴。据万零回忆：抗战时期，万家人内迁的时间有先后；战争结束，族人回迁的步调也不尽一致，以至于多年后各支的联系已经中断。后来，万零被推举为万家子孙的总代表，积极参与了万承志堂的复馆和中医药养生文化的整理传承工作。

更令人欣喜的是，又一位老人找到了筹备组，告诉大家一个天大的好消息：那部记载了万承志堂全部药方与制药技艺的瑰宝《万承志堂丸散膏丹全集》，竟然没有完全佚失于战争的硝烟中。老人名叫闻海珊，当看到《今日晚报》刊登的《寻找湮没的万承志堂》一文时，他心里咯噔一下：文中提及的那本失传药典的名字，好像与自家祖传古书的名字很像。据闻老回忆，这本书是他祖父手上传下来的，1942年左右，祖父交代闻老的母亲，说有一本《丸散全集》的书一定要传给唯一的孙子闻海珊。以前可能看病比较贵，祖上让传这本书是让后人万一有个病可以按方抓药。几十年下来，闻老就用一张报纸包着，将它放在柜子里，但从来没有按照书上的配方抓过药。前几年打开一看，柜子里进老鼠了，把书咬得残缺不全的，而且还散了页。闻老赶紧将书拿出来晒晒，谁知道风一吹，又吹走几片，只能将书重新装订整齐，残片收拾好，才保留到现在。新闻的报道与自身的记忆一对照，闻老心中已经对古书的身份有了七八分的把握，但他还是赶忙找出古书进行确认。书是线装本，活字印刷版，宣纸纸张，微微泛黄，可印有书名的封皮却已遗失。不过翻开书页，一张张残片上印着的"光绪十一年岁次乙酉仲夏日，万承志堂主人谨识"，还是最终证明了它的身份。在得知筹备组正苦心寻觅此书无果后，闻老当即表示自愿将家传刊本捐给复建的万承志堂。他说，虽然不知道祖父如何得到这本药典，但比起使它在书柜里默默蒙尘，能够让古书物归原主、为杭州中医药事业的振兴作出贡献，相信这肯定是祖父所期望见到的最好结果。

镇堂之宝药典的重新现世，为万承志堂的复兴扫清了最后一道障碍。2005年6月，万承志堂正式复馆。辛勤奔波多年的筹备组各位成员，以及时任浙江省卫生厅副厅长周坤，时任上海中医药学会会长施杞教授等中医药界领导、专家和万家的后人出席了复馆仪式。这个创立于1875年、曾跻身"杭州药业三门市"的品牌，在历史变迁之间一度消失在公众视野中，成为文献上一个冷冰冰的名词，但如今它终于迎来命运转折，走上重建和重振之路，迎来了其事业发展的一个璀璨新时代。

五、老树新芽又一春

历经坎坷的重生，并不是万事大吉的终点，而是新挑战接踵而至的起点。万承志堂虽然坐拥一块百年金字招牌，但这并不能保证其重振之路是一片坦途。老字号是把双刃剑，它虽然意味着商家有着悠久的历史传承和文化底蕴，但同时也带来经营模式固化、商业理念滞后的弊端。近年来，百年老字号经营不善、陷入危机的消息层出不穷。调查显示，在杭州鼎盛期的69家老字号中，至今已有20家关闭停业，20家经营困难，有一定规模、效益又好的只剩下寥寥几家。

这么多拥有辉煌过去的知名品牌目前都举步维艰，更何况是一个此前已在杭城公众视野中消失超过半个世纪的国药号。某种程度上而言，重开"万承志堂"，它的难度甚至超过一次创业。和当初从棉业走向医药的柴木巷万家一样，浙江万承志堂国药健康管理股份有限公司

门面

内景

的总经理赵子旦，也是从金融投资领域毅然转身进入陌生领域的跨界者，她十分了解摆在眼前的难题："最难的莫过于重新树立患者对品牌的信任和认同。"

事实上，在万承志堂复馆之初，市场上并不缺乏对它的唱衰之声。有人认为，杭州并不缺乏老字号的中医药品牌，大树底下也可能寸草不生。冷冰冰的现实数据也佐证了这一分析，刚开始的第一年，万承志堂的门诊人数仅有2580人次。"一个月的营收流水只有十来万，根本入不敷出。"赵子旦说，"在万承志堂恢复时，我就已经有了准备，做万承志堂并不是为了单纯的盈利，而是有'悬壶济世'的心结，但恢复之初确实没有想到，后面会付出那么大的精力和时间。"在万承志堂恢复的头三年，鑫禾实业集团一直在给医馆输血，其他产业获得的利润几乎都用在了医馆的完善和建设上，但这位万承志堂的新任掌门人很看得开："行医不就是这样吗？即使投入再多，也得事无巨细，来不得半点马虎。"为了让万承志堂真正走上经营的正轨，而不是仅满足当一个"活死人"般的老药号，赵经理在三年时间的探索中，提出了"传承"与"创新"两条腿走路的方针。

在传承方面，新生的万承志堂必须真正继承旧有的医道理念与灵魂，要做到让百姓认可这是一家"形神兼备"的老字号。

首先，"形"指的是万承志堂的建筑风格要尽量向老药堂看齐。新万承志堂坐落于杭州上城区高银街103号，占地面积相比清泰街的旧址要小上一些，为了让新堂能够具有旧堂的神韵，光建筑设计就花了三个月的时间。在建筑风格上，新万承志堂完全秉承明清时期的样式，白墙黑瓦，素雅古朴，围合式的院子里有前后两进建筑，多间厢房，三间两层楼房。东侧墙上写着"万承志堂国药馆"几个大字，那块失而复得的界碑没有砌进墙里，而是贴着左墙根傲然矗立，仿佛是新老药堂跨越时空的握手。正门仿照旧时的布置，在上方悬挂的"承志堂"的匾额，金光灿灿、十分醒目，由著名书法家王东龄书写。直到2011年2月，136年前的那块"承志堂"老匾才被重新找到，作为重要文物重归万承志堂妥善保存。第一进建筑是药铺，面积不大，里面的中药柜台、成药柜台、参茸柜台等布局比较紧凑；第二进是诊室，沿着木楼梯上去，楼上还有贵宾室。此外，为了解决更多暂时不能前来就诊的患者的需要，万承志堂还准备用互联网来为患者服务。总的来看，新的万承志堂既有旧时国药号的素雅精致，也与现代医药业的创新技术有了很好的结合。

其次，"神"指的是万承志堂的制药技艺与特色产品要与老药堂一脉相承。尽管有了从闻海珊老人那里得到的《万承志堂丸散膏丹全集》，但一是这份刊印本保存状况堪忧，内容上有许多缺漏，二是新万承志堂没有合适的人选去学习掌握书中的技艺。所幸这两个问题后来都得到了妥善的解决。2006年6月，余杭的药书收藏家郑氏夫妇，将自己手中的另一份药典刊本无偿捐给了万承志堂，人们通过这一份精心保存的完整古籍才知道，原来它的真名应是《万承志堂丸散膏丹全集》。与此同时，药堂还找到了当年万承志堂药工的徒弟后人，从他们的记忆中还原出一部分丸散和药酒的炮制技术。在理论与实践的扎实基础上，经营者们延请了资深中药师郭一畴精研万承志堂丸散膏丹和药酒的制作工艺，让许多失传已久的万氏名药重新现世。为了彰显新老万承志堂的继承关系，药堂仍将药酒作为

膏方罐

主推产品，并且在继承发展传统工艺的同时，又研发了新的产品，例如吴氏药酒、补血养颜酒、鹿茸虫草酒、腰痛温肾酒等几十种药酒，均可赏可售。

在创新方面，作为又一次闯入国药业这一商界激烈战场的后来者，万承志堂应该跟随时代的发展，借助技术的进步，避免两败俱伤的同质化竞争，积极开拓崭新的市场，实现差异化经营。因此，万承志堂选择走一条"大专科、小综合"之路，即在综合覆盖的同时，形成自己的"拳头产品"，构建差异化的核心竞争力。在对中医药理和市场竞争格局充分分析后，万承志堂确立了三大主攻方向：中医肿瘤、中医妇科、中医护肤。

中医肿瘤，是万承志堂最早布局的领域。早在药堂尚在筹备之时，筹备组内的吴良村教授就是全国知名的中医肿瘤专家，他也有意将万承志堂打造为中国中医肿瘤治疗的高地。2005年万承志堂复建完毕后，时任浙江省卫生厅副厅长、省抗癌协会会长周坤就向万承志堂授予"浙江省抗癌协会中医肿瘤专家诊疗中心"匾牌，除了吴良村教授应邀成为这一中心的带头人外，万承志堂还集中了北京、上海、浙江等地的30多位中医肿瘤名家在堂轮流坐诊，配备了600多种肿瘤中药，以此来组建华东地区乃至全国最有影响力的中医肿瘤诊疗中心。同时，上海中医肿瘤机构群力草药店也入驻万承志堂。不仅如此，万承志堂在工艺上也动了脑筋，引进先进的中药小包装，以避免传统抓药时的烦琐与误差。经过十多年积淀，万承志堂的特色中医肿瘤诊疗品牌已声名鹊起。经了解，通过中医的积极干预，经由万承志堂诊疗的肿瘤患者5年存活率达到80%以上。中医肿瘤的成功闯关，给万承志堂的下一步发展打开了局面。

中医妇科，是万承志堂对传统中医药事业传承的崭新诠释，也是其扭转经营状况的关键转折点。自复馆之后，万承志堂一直与其他国药老字号、中医药世家传人保持着密切的联系，以期一同将中医中药的传统更加发扬光大。在此过程中，杭州两大中医妇科流派——何氏妇科第四代传人何嘉珍、何嘉言，裘氏妇科后人裘笑梅之子王金生，以及王锡贞、张萍青等著名中医妇科专家，选择来到万承志堂，他们独到的医术与这一老字号平台相辅相成、相得益彰，让万承志堂这棵老树重新焕发出无限的生机，而中医妇科正是在这一背景下被确立为万承志堂着重发展的第二个方向。2007年5月，以妇科诊疗为特色的"万承志堂中医妇科诊疗中心"正式成立。不过几年时间，万承志堂中医妇科就蜚声杭城民间，光在2013年一年以内，就有130多个在此就诊的不孕患者如愿以偿地做了妈妈。可以说，中医妇科抓住了百姓就医的痛点，让万承志堂彻底摆脱了旧有的陈腐形象，在杭州赢得了新的口碑与声誉，并帮助药堂第一次实现了盈利。在这样的基础之上，万承志堂继续拓展业务也是顺理成章的事。

中医护肤，是万承志堂融汇中西后的主动进取。万承志堂相继在肿瘤、妇科取得不俗的成绩后，经营方将目光放得更加长远，认为主动拓展产业链、从事后治病走向事前护理应是万承志堂实现进一步跃升的通道。"爱美是人的天性，无论男女，都希望青春永驻，这是诸多美容整形医院纷纷兴起的重要因素，也是符合时代特征的一个产业。虽然西医方便快捷，但从中医角度来说，西医的手术只是治标不治本，用手术来换取暂时的年轻。"总经理赵子旦解释道，"比如脸上长了一块斑，你当然可以用仪器从外部进行处理，但如果根子上的问题没解决，之后仍然可能复发。这时中医药的调理就有了用武之地。"因此在2009年，万承志堂在著名的南宋御街——中山路上新辟"杭州万承志堂中医护肤养生馆"，并与浙江省医师协会强强合作，成立皮肤病专家诊疗中心、皮肤疑难病会诊中心，云集中医名家，首创将传统中医药理念融入皮肤护理，在中医生活化、时尚化理念方面进行了创新尝试。同时，万承志堂并没有在中医一个方面闭门造车、故步自封，而是强调传统医学要与现代医美结合，主张中医内调、西医外治，因此引入了被称为"地球上最纯净的护肤品""护肤品的天后"的澳洲顶级品牌Jurlique（茱莉蔻）产品，走出一条中西护肤诊疗有机结合的新道路。在此基础上，万承志堂还展开了产业链延伸探索。2013年，与国际医学美容机构PARIA强强合作，投资开设芭黎雅医美抗衰老中心，整合微整形、抗衰老前沿科技与中医养颜文化精髓，提供一站式、定制化的高端健康美容解决方案，为中华老字号在新时期的发展开辟创新模式。

在三大主攻方向之外，为了扩大品牌知名度，万承志堂还学习了其他国药号的先进经验，定期举办各种自创节庆来推广中医药文化。每年的五六月份，是冬虫夏草采挖的季节，万承志堂在此时会举办"新鲜虫草节"。为了确保把源头正宗、品质上乘的冬虫夏草带给杭城百姓，万承志堂会专门派遣采挖团队亲赴青藏高原，采挖和采收新鲜的冬虫夏草，从藏区全程冷链保鲜空运至杭州。早上还在海拔4000多米青藏高原的新鲜虫草，最快下午就能出现在万承志堂的柜台上。春秋两季是各种慢性疾病的高发时段，对中老年人尤其如此，因而自复馆以来，万承志堂每年都举办大型秋季"名老中医义诊周"活动，由省内一流的国家级、省市级医术精湛的中医名家团队为市民把脉开方，调理进补。冬季是中医上传统的进补时节，每年冬天，万承志堂都会举办大型的膏方养生节。节庆期间，不但有专家每天在医馆内为顾客调配膏方，更会举办关于中医膏方文化图片展：膏方如何开具与配置，制膏经验丰富的老药工是如何严格按照古方熬膏流程，运用现代化的制膏工艺来制膏，等等。此外，还有参茸节、药酒节等。

在药材的挑选与制作工艺上，万承志堂也有传承并创新。万承志堂的经营者深知，医和药只有相辅相成，才能达到最佳疗效。延聘名医、建设科室、推广品牌只是药堂振兴一方面的努力，道地优质的药材同样至关重要。历史上的万承志堂曾以药材地道纯正著称于世，当年创馆之际，万嗣轩曾立下"做药务真，不得欺客；行医务正，不得欺世"的祖训。这事实上体现了"药材好、有疗效、价格公道"这样朴素的经营哲学，它们也构成了这一百年品牌的价值内核。自复馆以来，万承志堂秉承祖训，悉遵古方，精选各省道地药材、饮片，虔修各类丸散膏丹。馆内所售1000多种中西药品、药材、滋补品，先都要经过三位经验丰富的主任中药师及多名药工严格筛选把关，然后送至省、市药检机构进行严格质量检验。对于部分贵重的药材，万承志堂对其的鉴定更是不计成本，甚至对有些药材的金属含量都要委托药监部门进行鉴定，从而确保药材的正宗地道。在此过程中，馆内药材的管理逐渐标准化、规范化，形成了万承志堂自有的药材质量标准。为了从源头和上游保证药材品质，万承志堂2008年在浙江磐安投资建设了一个1000多亩的药材基地，建立了自己的药品供应链。此外，对于外部药材的采购，万承志堂始终坚持"源头采购"，即直接与药材供应地建立联系，保证药材来源纯正。更重要的是，在药材采购链条上的所有人员，一旦发现药材品质上的缺陷和问题，都拥有"一票否决权"，通过层层把关，将有问题、有缺陷的药材拒之门外。"夫医药为用，性命所系"，今天的万承志堂，依旧与百年前一样，所售药材务求道地纯正，赢得了客户的广泛赞誉。

在管理团队的强力领导下，万承志堂终于实现了凤凰涅槃，成长为杭城国药界又一棵葱茏繁盛的擎天大树。站在万承志堂门前，那一块块金光闪闪的奖状证书足以让我们管窥它的光鲜成绩：2005年12月，通过浙江省医疗保健中心验收合格，万承志堂中医门诊部成为省、市医保定点单位及市离休干部和市机关事业职工子女医保筹定点单位；2010年10月，中华中医药学会决定，将"中华中医药学会中医药文化教育传承基地"建在万承志堂。药堂的年门诊人数，从刚复馆的几千人，迅速增加到近30万人次，年均增长率达到150%，创造了中医界发展的奇迹。在杭城取得突破性的业绩之后，万承志堂更是积极践行走出去的方针。2009年9月，为弘扬中医药文化，万承志堂进入上海，万承志堂上海馆正式开业。现在，万承志堂在杭州有4家，上海、南京各有1家，布局整个长三角；它的脊椎膏、虫草等产品也向全国铺开。努力付出之人必有回报，2015年11月2日，由万承志堂国药健康管理股份有限公司扩大重组的大承医疗投资股份有限公司，在位于北京金融街的全国中小企业股份转让系统举行了挂牌仪式，推开了资本市场的大门，正式宣布在新三板挂牌，成为业内成功资本运作的典范。

2015年11月15日，赵子旦女士代表万承志堂，领取了首届"中华慈善之夜"慈善贡献大奖。原来，新生万承志堂自创建以来，一直积极投身于公益活动，结对资助多名贫困儿童、捐赠图书馆、为红十字会白血病儿童捐款、开展大型义诊活动等，十年如一日。这不免让人回想起，百年前那座杭城第三的国药号，也是如此春秋不论地支持桑梓的教育与慈善事业。念念不忘，必有回响，正如它的名字所寄寓的美好含义那样，无论新旧，万承志堂一直以"承"先人之"志"为铭，身体力行地践行着医者仁心的信条，以德立业，以勤精业，以诚相交，以信相守，以义取利，惠泽百姓，造福社会。光阴荏苒而逝，名号隽永而传，属于万承志堂的传奇与故事，仍将继续书写下去。

任伯年《焚香告天图》

朱养心：膏药医病仁医心

　　"东傍钱塘通八府，西揽湖山醉九州"，千百年来，隅居东南一角的杭州不仅是一座游人如织的宜居城市，更是一处商肆林立、水陆衔通的繁华都会。

　　旧时的杭州城形似腰鼓，上片依着贯通南北的大运河，下片溯着钱塘江而上，与自东而西的浙赣古道相联结。四方所出的山林土产、河海鱼鲜、布铁粮盐，都要在"腰鼓城"逗留转运，各地的行商坐贾、贩夫走卒、群匠百工，都愿在此地开张做生意，由此攒下了杭州令人津津乐道的老底子故事。

　　单讲这做医药生意的买卖，杭城内外大大小小的铺子，就不下数十家，其中的佼佼者有"三大药堂""四大国药""晚清六大家"的说法，各有各的本领，各有各的传说。但要说让杭州老百姓感到最亲切的，那必定是朱养心药室。这不是说朱养心的药好得能压倒张同泰的全鹿丸或方回春堂的辟瘟丹，而是朱养心他自打一开始，就一心一意为穷苦人家考量。无论是他家的狗皮膏还是鸡眼膏，主治的都是当时在寻常人家几乎人人为患的外科病痛。如果求医的人潦倒无依，药室的大夫不但不收费，反而还赈济病人。正是这种宅心仁厚的行医传统，让朱养心药室成了杭州坊间有口皆碑的平民药店，"良医良药世沾幸福，利人利己天赐吉祥"，赞誉的就是这家传承了近四百年仍然生生不息的老字号。

一、大井巷口筑医庐

在中国传统中医药行当有条不成文的规矩：一间素有名望的大铺子，必须得有一个配得上它地位的好名字。无论是京城里头一号的"同仁堂"，还是红顶商人胡雪岩开创的"庆余堂"，都是如此。但"朱养心药室"看起来似乎并不遵循这一规矩，它就以其创始人朱养心的名字冠名。这其中的缘由，还要从药室的来历

行医

说起。

朱养心，浙江余姚人。据清乾隆年间修订的《杭州府志》中记载，由于家中贫寒，朱养心打小就天天入山采药以补贴家用，他也因此熟稔各种药材的药理和性状。一天，他在山中遇到了一位老道士，老道见到朱养心不仅聪明伶俐，又对草药之学无师自通，于是便萌发了爱才之心，将一身精湛的医术倾囊相授，还赠书一卷，其中记载了许多珍稀的药方。山中无日月，聪颖的朱养心勤奋苦学，医术日益精进，青出于蓝而胜于蓝。不出几年，朱养心就成了当地远近闻名的郎中，时人赞其"邃于医术"，尤其在他擅长的外科领域，几乎到了"手到疾愈"的地步。

明末，朝政腐败，地方动荡，许多军队摇身一变成了兵痞土匪祸害乡里，余姚也不例外。据2002年出土的《杭州朱氏日生堂药室重兴记》碑载，为了躲避兵祸，朱养心携妻子前往省城杭州，在现在的吴山脚下支起一个棚子，悬壶为标，开门营业。当时的杭州虽然局势较为平静，但百姓的生活也和其他地方一样，是一天不如一天，很多人就算积劳成疾也没有钱去医治。朱养心看到这一情况，感同身受，于是主动为患病的街坊邻居进行医治，药费低廉不说，有时遇到实在穷困的病人，他不但不收费，反而还送医送药，用先前攒下的一点积蓄赈恤他们。日子一长，杭州的老百姓都知道有这样一位外地来的游方郎中，不仅医术高超，"治多奇效"，而且乐善好施，极其体恤他人，他的名字就是"朱养心"。

循着"朱养心"的名声，每日前来就诊的人越来越多，把简陋的小棚挤得水泄不通，这给朱大夫和患者都带来很大的不便。可朱养心做的是赔本的菩萨心肠生意，哪儿来的钱去营建屋舍呢？正在朱养心犯愁的时候，平日里受过他诊治帮助的人们，纷纷站了出来，你出一文，我出一文，从自己瘪瘪的腰包中尽量匀出一点钱财来，最后积少成多，凑够了钱，请工匠为朱养心新造了一间宽敞结实的药铺。朱养心非常感动，当他问及原因时，人们却说："朱大夫，救死扶伤的大恩，我们无以为报，我们能做的只有这样的小事了！"

从逃难的游方郎中，到拥有自己铺面的坐诊大夫，朱养心的善心善举得到了杭州百姓的回报。按照行里的惯例，朱养心将自己的新药铺命名为"日生堂"，取生生不息之意，但他先前在民间的口碑着实已经流传极广，大家仍将此店唤作"朱养心药室"。

药室选址的位置也非常讲究，地处吴山山麓的大井巷口，一面靠山，一面向街。大井巷可不是什么小巷，而是杭州商埠最为云集的热闹之处。老杭州腰鼓形布局中，最为紧要的腰身是鼓楼，也称朝天门，五湖四海的来客若是自南向北过了这咽喉要道，面前便是辐轴般散开的两条路：宽的一条是被老杭州们叫作"大

明代黑漆描金药柜

街"的，也就是今天人们所熟知的南宋御街；窄的那条呢，就是大井巷了。一街一巷，在平日里就已经是车水马龙、人声鼎沸，一旦碰上年关节庆，那更是人山人海。据描述南宋时杭州城市风貌的《梦粱录》和《武林旧事》记载，在生意紧俏的日子里，商家之间招徕顾客的火热程度达到了"竞售"的地步。朱养心把药室设立在此，充分体现了他在医术精明之外，也极具商业头脑。

筑庐吴山，称得上是背枕另一座"金山"。一条自西南向东北流淌的钱塘江，把浙江省划为浙西三府和浙东八府。东西十一府的富绅们，每到春天的香市和秋天的庙会时，最爱乘上顺江上下的渡船，在杭州城南的三廊庙码头上岸，前往吴山上的城隍庙求神敬香、游览嬉戏。当时上吴山的路有两条，一条是环翠楼山道，另一条是伍公山坡街，大井巷恰巧就坐落于二者之间。一季又一季川流不息的香客，每每路过朱养心的小店，定要把肘上挽着的蓝花布竹篮，满满装上便宜又好用的外科膏药，作为给家乡亲友最好的伴手礼。"朱养心"这简单的三个字，就像那些精心熬炼的药膏，顺着大井巷的石板路和波光粼粼的钱江水，成了外来客人对杭州最温润的印象。

大井巷的地利可不仅仅是商业繁华，巷如其名，此地出产的优质井水更是为朱养心药室出品的膏药增添了一抹甘洌。在宋代，大井巷属于吴山坊，因巷内有

明代钱塘江流域青花瓷药瓶

清道光年间钱塘江流域青花瓷药瓶

一口大井，故被称为吴山井巷。杭州是典型的江南城市，河道纵横，水井密布，但大井巷的这口井大得出奇，而且井水格外莹洁剔透、甘甜可口，异于众井，相传为五代吴越时德昭国师所凿。朱养心的药室就开在井旁，他用一块平整的大石头遮住井口，每天只在需要汲水做药时才打开，这样做的原因是为了保证外来的污垢不落入井中，充分保证水质的纯净。故老相传，朱养心用这口井的井水炼制的专治疮毒的膏药，比其他药号的同类药物要灵验得多。

从治疗跌打损伤、手足皮癣的狗皮膏和鸡眼膏起家，朱养心药室的当家产品就是各类外科膏药。民间传说朱养心用自己做的药，能够做到"恳于医理，手到病除，远近闻名"，无论什么样的疖子毒疮，他都能将其治得服服帖帖。就算是普通人用上朱氏的各类疗疮药，一样是膏贴疮消，"药到疾愈"。

朱养心的祛疮药在杭州是如此的有口皆碑，以至于下到卖力气的码头帮工，上到宅邸里安稳度日的达官贵人，一旦肌肤生疮或扭伤，第一时间想到的就是去朱养心药室买一贴狗皮膏药。市场有需求，生意人心中自然就有数，朱养心店里的狗皮膏药也分三六九等。朱氏后人至今仍然记得，在民国的时候，最好的狗皮膏药要卖七个大洋一张。七个大洋可不是小数目，在当时能抵得上一担多大米。就算如此，往往一次香市下来，城里城外的富家大户还是能将店里所有的储备抢购一空。这种顶好的狗皮膏药，选材用料也是极好的，不单单用在其中的麝香掺不得一点水分，就连衬底的狗皮，也要讲究季节与部位，什么日子里哪块好哪块不好，那都是铺子里的不传之秘。如此考究的狗皮膏药，才能当得起四乡绅民的认可和追捧，而在这膏药的使用上，在再奢侈的豪门里，也绝不能是一次性的，那是会被老辈人拿拐棍打膝盖，责骂"暴殄天物"的行径。人们通常是小心地点好一把烛火，待到狗皮膏熨到剔透柔软的时候，趁其滚烫小心地贴在患处。起初是免不得要教人龇牙咧嘴叫唤两声的，但待到一宿过去，突然发觉伤痛都烟消云散，患者自然会喜笑颜开，念叨朱养心的神奇了。那张揭下来的狗皮膏药，则像是朱大夫的化身，要毕恭毕敬地收好，等到下次犯病，还是要指望大夫出手相助的。

时移世易，斗转星移，余姚一介布衣朱养心以炉火纯青的医道和朴实仁善的商道，熬过明清易代的动荡时节，经营起杭城"朱养心"的不朽传奇，人们尊称他为"养心公"。人虽长逝，名则不朽，而他悉心栽培的后人，也不负养心公的厚望，一手缔造了长达四百年医商并重的经营史诗。

二、朱养心代有才人

从养心公首创药室为起始，"朱养心"老字号历明清民国，饱经风吹雨打与岁月蹉跎，却依旧能够百折不挠、绵延不绝，缔造了中国商界历史上的一大经典传奇，这与朱氏后人勤恳而富有智慧的经营是密不可分的。

朱养心的子孙，在吴山脚下大井巷的日生堂里，蕃息传承了足有十一代，计有320多年。虽然在开枝散叶的繁盛境况下，朱氏后人与其亲眷，少说也有成千上万人，不可能都聚居于杭州一处窄窄的院落中，但无论是其中回到宁波余姚祖籍地服务桑梓的那一支，还是余下通过科举出仕为官宦游天下的，抑或是经商做贾迁至他乡的朱氏子弟，都把药室祖宅作为他们内心深处的精神寄托。这些外出的朱氏后人只要上了年纪，无论路途多远，无论自身成就几何，都要跨越山海回到这里，以解落叶归根之情思。正是朱氏家族身上强韧的亲情纽带，帮助他们在风雨中渡过沧海桑田的巨变。

真正继承朱养心的医术和事业的一脉朱氏后人，仍留在药室中继续经营。朱养心药室的经营模式被称为前店后厂制度，一间药室被分为前后两个部分，沿街的前半部分是买卖成药的柜台，靠山的后半部分是朱氏居住的宅院和制药的作坊，所有药品要经过十多道复杂的工艺流程才能制作完成，自产自销、绝无欺瞒。店里的朱氏后人分为不同的房支，全族按长幼次序和人数多少制订日期安排，轮流到柜台当值。谁是那一天的掌柜，那天的药室收入就归该房所有，剩下的人就一起在后厂制药，供给生意所需。除此之外，每一代朱养心药室的话事人，并不一定由嫡系长孙继承，而是由几房共同商定，以才能出众者为尊。这种大体公平的家族管理模式，可谓是中国家族式经商的一道奇景。

根据朱氏家族内部的记载和出土碑文的佐证，朱养心药室一系历史悠久、传承有序，共十一代。以朱大勋中兴为界，这十一代人可分为稳步发展的前八代和坎坷多难的后三代。

第一代朱养心，生卒年不详。他筚路蓝缕、草创基业，育有二子，长子朱宾淳，次子无考。

朱宾淳（1614—1683），字惟之，号麟庵，后来效仿其父"养心"之号，别号正心。朱宾淳是药室的第二代传人，他子承父业，从父亲那儿完整地继承了一身精湛的医术，又因口碑出众，还被推举担任钱塘县的医学官。朱宾淳也有二子，长子朱伟，次子朱仪。

朱伟，字万我，生于1645年，可以说是朱氏第一个读

虚谷《松鹤延年图》

书人，曾入钱塘县学，是一名在释读书经方面小有成就的庠生。朱仪（1653—1711），字叔伟，他比哥哥更进一步，成绩优异，获准入学国子监，后来官至正五品。朱仪在外为官，第三代主要是朱伟在操持生意，从这时候起，朱养心药室的为商理念也逐渐融入了儒商的基因。朱伟生三子：朱廷佐、朱廷臣、朱廷光。朱仪生七子：朱廷相、朱廷耀、朱廷凤、朱廷瑞、朱廷弼、朱廷栋、朱廷麟。

任鹤声《击磬图》

朱仪宦游外地,孩子应当还是留在药室抚养长大,都要从小学习药物医理。这一辈十个兄弟里,朱仪的次子朱廷耀成了最受瞩目的那一个,担当起继承朱养心药室的重任。朱廷耀(1674—1759),直到八十六岁的高寿才去世,是朱氏第四代的代表人物。在他的苦心经营下,朱养心药室在康乾时期不断发展壮大,已初具规模的朱氏家族定下了轮流坐班的制度,子孙各宜其业,为后代各房的和睦共处奠定了坚实的基础。朱廷耀生三子:朱元骥、朱逢源、朱苇。

朱元骥(1702—1750),字德长,朱养心第五代代表。朱氏到了此时,已经称得上是钱塘颇有名望的大族,除了传承医术和商道,还非常重视族中子弟的教育。朱元骥生前在科举上颇有建树,只因要主持药室,不愿为官。后来因为一场意外,不幸先于其父去世,

获诰赠正五品散官奉政大夫。朱元骥膝下只有一子,名朱学泗。

朱学泗(1727—1812),字安之,号胥麓行一,取"胥山脚下知行合一"的意思,也与他朱养心第六代传人的身份非常符合。或许是因为朱家本是医药世家,在养生之道上也非常擅长,朱学泗年庚八十六岁,和他爷爷一样长寿,是又一个执掌药室半个世纪之久的老掌柜。在经营之余,朱学泗也是一个很有文人逸志的风雅之士,平日最爱竹雕,至今仍能见到有他署名的雕刻笔筒传世。朱学泗生二子,长子朱楷、次子朱杭。

朱楷（1753—1814），字饬隅，号朴崖生，朱养心第七代裔孙。"朴崖"源自"抱朴崖"，朱楷给自己如此取号，也是欲蒙受中国古代著名化学家、药学家抱朴子葛洪的余荫。朱楷因祖上屡屡有人为官，得以凭借国学生的身份入国子监读书。但他为了药室这一家族事业，并没有去考取功名。朱楷有五子：朱瑞会、朱右会、朱肇会、朱道会、朱寿会。

到了第八代，已是乾隆一朝的末尾。上一代的老人们健康长寿，把各项事务都主持得井井有条，年轻一辈也人才济济，初露锋芒，其中朱肇会、朱道会两兄弟表现得尤为突出，一切都是欣欣向荣的景象。没有人会怀疑，如果不出意外，朱养心的字号大概真的能在杭城做到流芳百代。

然而天不遂人愿，随着历史的车轮悠悠迈进19世纪，古老的中国进入了近代史中最黑暗、最动荡不安的一页。隅居杭城的朱氏一族也无力抵挡时代大流波涛汹涌的冲击，屡屡遭遇意想不到的横祸。短短一百年，三代人，光历数大的劫难，就有三起三落，家族成员星散四方，湮没不得下落者不可胜数，实为可叹。

三、药室轶事传佳话

美丽的西湖孕育了各种各样美丽的传说，其中有不少就和杭城里大大小小的药铺有关。自古以来，治病救人的医药行当就是典故和轶事荟萃的地方，老百姓们有感于郎中、大夫医术的精湛，药物效力的神奇，口耳相传之下，或有许多神话的成分掺入其中，或寄寓了纯良美好的品德，久而久之，传为佳话。在杭州，想要听最道地的民间故事，那必须得去众安桥，听那卖梨膏糖的小艺人说说唱唱。在他们嘴里：胡雪岩偶遇私访的皇帝，接济窘困潦倒的皇上，最终积善之心得到丰厚的回报；张同泰制药全凭良心医德，绝不造假，绝不欺民，要制作货真价实的"全鹿丸"，那必先抬活鹿游街告示。

朱养心在杭州成名后，民间亦涌现出不少关于他的传说，内容大多是朱养心为人仁慈善良，膏药神效过人。这种种似真似幻的轶事典故，体现了朱家膏药在民间广泛的影响力，其实也得到了朱养心药室传人们的默许。很多时候，商家们会主动创造一些关于自家的故事传播开来，既为出售的商品蒙上了一层神秘的面纱，又变相扩大了字号的影响力，可谓是中国传统商界一种最古老的营销手段了。

　　关于朱养心的传说，最有名的当数"泼水墨龙"的故事。相传，朱养心秉持着"医者仁术"的古训，平日里最为心地仁厚，如果有穷苦的老百姓上门求医，他必定免费医治，还赠送膏药。在一个寒冬腊月的日子里，药铺门口倒下了一个衣衫破烂、满身疥疮的瘸腿老乞丐，他赤着双脚，腿上脓血外流，臭不可闻，行人见了纷纷捂着鼻子避开。店里的伙计把这事儿告诉了朱养心，养心公出门一瞧，动了恻隐之心，连忙上前把老头搀扶进店里，亲自端来热水，为他洗净身上的污物，耐心地贴上自家的膏药。说来也怪，这老乞丐在店里休息了一会儿后，一声道谢也没有，就拄着拐杖悄悄地离开了。第二天，这个老头又来到朱养心的店里，身上的病疮还是一如既往的溃烂不止，一点都没有治愈的样子。朱养心看着这个老头实在是可怜，于是仍旧和颜悦色地再给他治疗。就这样，这个跷拐儿老头天天到朱养心药室的门口蹭医蹭药，末了又消失不见，朱养心也任劳任怨地帮他去疮擦药，足足坚持了三个月。终于有一天，老乞丐身上的烂疮都尽数消去，他对朱养心说："谢谢你不嫌弃我的脏，亲自为我医治疮毒，又分文不取。可李老头我的确身无长物，没什么能报答你的。不过我自幼学习丹青之术，就给你画张画留作纪念吧。"朱养心虽然觉得有些奇怪，但不好拂了老人的好意，便拿来笔墨纸砚。只见那乞丐抓起一支狼毫大笔，胡乱往纸上涂抹了几下，就突然把笔管扔在地上，大笑着一瘸一拐地走出门去。店员们以为乞丐是在戏弄朱养心，十分生气，赶忙追出门去，但那个瘸腿乞丐却早就消失不见了。等他们懊恼地回到店里，却看到朱养心在仔细地端详那幅画，令众人吃惊的是，画上浓黑的墨水渐次散开，隐约现出一条在江海洪水中摇头摆尾的黑龙形象，鳞爪俱全，栩栩如生。这时候朱养心才顿悟，这个自称姓李的老乞丐，会不会就是八仙中的铁拐李？想到这里，他连连向老头消失的方向叩拜。后来有一年夏天，天气酷热难耐，大井巷发生火灾，火势凶猛，整条巷子一溜几十间铺子皆成焦土，哭声震天。但火势窜至朱养心药室风火墙时，却徘徊不能进。据说当时有人看到，药铺里水汽弥漫溢出，冷风阵阵，隐约有一条云遮雾绕的墨龙在喷水，最后保得朱家店宅都安然无恙。其后数次大火，朱家都没有遭受什么损失。大家都说，这是铁拐李赠予的墨龙图庇佑了朱养心药室历数百年而不受火患。

　　"泼水墨龙"的故事在老杭州可谓是家喻户晓，还衍生出许多不同的版本：有的说赠画的仙人是刘海而不是铁拐李，有的说画的是金龙而不是墨龙，还有的说那龙是画在墙壁上而不是纸上。其实，所有的故事最早都可以追溯到清代《庶余偶笔》中简单的记载：杭城多火灾，惟朱养心药铺从不被害，相传初年主人精于医，有丐者遍体生疮，哀求诊救，款留调治，百日而愈。临行，为主人画墨龙御火患以报德，掷管而去，不知所在。故事中其他生动有趣的元素，都是后人根据自己想象的创作。

传说并非空穴来风，朱家的确曾保有这么一幅水墨龙画。每到过年时，朱氏后人都要恭恭敬敬地把画请出来，挂在大堂，三牲六畜，点香膜拜。朱家人还记得，当年皇帝听说朱养心药室有这么一条神奇的水墨龙，就派钦差上门索要。朱家不愿失去这传家宝，连夜请人画了十几幅一模一样的水墨龙，供奉在厅室，钦差只得从中随便挑了一幅回京城交了差。后来，建筑学家曾实地考证过朱家大宅不易失火的原因：朱宅坐山向阴，地处阴湿，加上店堂两旁都筑有高高的封火墙，把易燃的木制部分保护起来，所以大火往往不燃自熄。

另一个著名的传说，是关于朱养心药室"童禄膏"的由来。据清代《杭俗遗风》记载：养心公还健在的时候，有一天，突然有一对小男孩来到药店，说是家中父母早逝，生活没有着落，希望朱养心能收留他们当学徒，凭自己的力气挣一口饭吃。朱养心十分可怜他们，便将他们留下了。这兄弟两个每天午饭以后，无论天气是严寒酷暑，都要到朱家后园傍着的吴山嬉戏。一日下着大雪，两个孩子仍坚持要去山上，朱养心放心不下他们的安全，便循着他们的脚印去寻找。走到半山腰，朱养心撞见两人坐在林间空地上游戏。出人意料的是，当他们看到朱养心后，飞也似跑上山去，很快

任伯年《献瑞图》

125

便不见了踪影。朱养心完全摸不着头脑，他走上前去，发现刚刚二童坐着的地方，留下了一张青翠欲滴的荷叶，他心中十分地惊讶：这数九寒冬的时节，万物枯萎，哪会有这样一张新鲜的荷叶呢？等他带着荷叶回家之后，两个孩子也一直没有回来。到了第二天夜里，朱养心担忧着孩子们的下落，手头熬制的膏药始终做不成功，心烦意乱之下，他随手将那张荷叶扔进了锅中。只见那原本黑乎乎的废膏泥霎时散发出诱人的清香，颜色也由黑变绿，透着晶莹的光泽，末了取出药膏一试，效力竟比店里最上等的治疮膏还要好。朱养心这才意识到，两个孩子或许就是传说中的和合二仙，那张奇异的荷叶，就是他们留给自己的礼物。于是乎，朱养心就把这种新的膏药命名为"童禄膏"。

事实上，"童禄膏"是铜绿膏的谐音，因其色泽碧绿、清晰如玉，所以又取名为碧玉膏，民间也直呼"绿膏药"。铜绿膏是以治疗疮疖溃疡见长，能生肌拔毒，制作过程中并没有用到荷叶，而是用铜绿、香油、松脂、蓖麻子仁等原料，按特殊工艺煎制而成。大概是因为铜绿膏的确十分好用，给杭州百姓留下了深刻的印象，因此才会有这样美丽的传说诞生。清人丁立中更是在他的《武林市肆吟》中把朱养心的两个故事结合在一起，赞道："毒去痛疽肉长肤，铜精绿绣炼醍醐。生涯毕竟从心养，认得朱家辟火图。"

除此之外，民间还流传有叶天士和朱养心之间的传说。苏州叶天士是一代名医，无论怎样的疑难杂症都是手到擒来。某天，有个熟人苦于咳嗽难止，来请他治病，叶天士马上按自己的经验，开方取药，让病人煎服医治，结果一连三剂也不见病情松动。正在叶天士犯了难时，病人听说杭州朱养心的医术了得，连夜赶到西湖边请教。朱养心望闻问切之后说："你的病不重，只要吃一段时间的紫皮甘蔗柱就会好的。"病人回到苏州，按朱养心的吩咐吃药，过了一段时间果然就痊愈了。叶天士很是惊奇，心想：朱养心的医术比我要高明，自己必须要去学一学。于是他抛下新婚妻子，马上前往杭州，托朋友的推荐到朱养心的店里当学徒。由于他本身就是名医，一段时间以后，就在师兄弟间显露出过人之处来。朱养心非常得意自己有如此优秀的门生，便把自己的医术全部教授给他，师徒之间相处融洽。一天，叶天士接到家书，大吃一惊。原来自他走后，新婚妻子一个人在家待了三个月，心里很不是滋味。一天，苏州府的一位公子腹痛，一定要叶家给他开药，新娘子经不住病人母子的苦苦哀求，就随手从写着"信石"的抽屉里取了一点粉末给公子服用，公子回家后立即泻出几条大蛔虫，肚子也不痛了。叶天士看毕书信满头冷汗，那"信石"可是砒霜的别称，这次是瞎猫碰上死耗子，恰好对症，如果再不回家，怕是必有大祸。于是，叶天士去跟朱养心辞别，道明了自己的身份，在江南医坛留下一段佳话。

四、制药工艺传千古

朱养心的制药工艺，成型于明朝万历天启年间，与中国中草药巨著《本草纲目》是同一个时代的产物。四百多年来，朱养心药室成为杭州历史最为悠久的老字号之一，其医药手艺经创始人朱养心及其后裔、传人世代传承发展，不断完善，研制成了一系列特效验方，最终形成了以膏丹为主的特色外治法，以及一套完整传统膏药制作工艺，名震江南。其技术秘方的手抄本《祖遗成方》保存至今，各种产品的基本方剂组成，大多可从医药古籍中找到依据。

在中国传统医药界中，"膏药"指的是以药材、食用植物油与红丹（铅丹）或官粉（铅粉）炼制成膏料，摊涂于裱褙材料上制成的供皮肤贴敷的外用制剂，又分黑膏药和白膏药。黑膏药的制作有北法和南法之分，北法以北京同仁堂制法为代表，南法则以杭州朱养心制法为代表。朱养心黑膏药制法的主要工序有：选料、炸药、炼油、下丹、收膏、去火毒、烊膏、摊涂、包装等。其中，炸药、炼油、下丹、收膏的过程合称熬膏，是膏药制作的核心工序。

"选料"即按处方精选配伍道地药材，朱养心的膏药制作非常讲究药材的品质。药室选用的药材主要分三类：一是粗料，二是细料，三是渗料。粗料主要是由当归、大黄、川芎、生川乌、续断等十几至二十余味中药饮片组成；细料由乳香、没药等几味至十余味中药组成，多含大量挥发油成分或为树脂类药材；渗料主要是由血竭、麝香等具有渗透效果的名贵药材组成。清末回杭之后，在每天制药之前，朱家人必先前往会馆河下的药材市场或者张同泰、叶种德堂买来药料，回来精心熬制。当时虽无质量的监督与鉴定，但各房都对药剂的制作怀有一颗敬畏之心，严格按祖方操作，绝无以次充好的现象。

所谓"炸药"不是军事上采用的炸药，它是朱养心制作膏药的重要独门技法，选好的药材需要先剔去污秽杂物，再清洗烘干、捣碎或切成小段备好。坚硬粗大的药材，需先入锅与植物油共同浸泡若干小时，将油温升至200℃以上，再全部加入已经备好的药材，并用桑木棍搅拌，提取药材中的有效成分，待药材炸至外表深褐色、内部焦黄色时，用铁丝网把全部药渣捞出。在这段时间内，人绝对不可以离开膏药锅：一方面因为高温油一接触药物，容易引起燃烧；另一方面，药物在油锅内煎熬，必须经常搅拌，使之变均匀。

"炼油"是油液在高温条件下发生氧化、聚合、增稠的过程，使之达到适合制膏的标准。炸药后去除药渣的油液继续用猛火煎熬浓缩，温度维持在300℃左右，旧时全凭经验把控。炼油到一定时间，取少许油液滴入冷水中，试探是否达到"滴水成珠"和"挂丝"的程度。滴水成珠指取热油少许滴入冷水中，油滴沉底如珠状，然后浮于水面不扩散，此乃朱氏祖传经验。挂丝是指蘸取的油液能如丝线状下挂，用于判断油液是否达到所需的稠度和纯度。

在高温油脂中加入红丹，称为"下丹"。红丹又名铅丹、铅红，其主要成分是四氧化三铅，是一种密度较大的橘红色粉末。红丹与药油中的各种成分发生反应生成脂肪铅盐，这是膏药的基础。铅盐又进一步促进油脂氧化、聚合、增稠而形成膏质。下丹是熬膏的关键环节，红丹要求分次加入，同时用搅棒向同一方向不停搅拌，一是防止红丹沉聚锅底，二是防止窝烟，影响膏药的质量和色泽，故有"膏药黑之功在于熬，亮之功在于搅"的说法。一锅油必须分三次以上下丹，这样

任薰《人物图》

制作出来的膏药才是"膏能黏指，脱膏不黏肤"的稠度，膏体色黑光亮、香气浓郁、油润细腻、老嫩适度、摊涂均匀、无飞边缺口、无红斑，加温后能粘贴于皮肤上而且不移动，贴之即平，揭之易落，而极少留下污色。

将熬成的膏汁盛入器皿，放置到冷却凝成块状，这一过程称为"收膏"。完成收膏的膏块称为膏肉。膏肉熬成以后，要浸泡15至20天，以去火毒，然后重新熔化，加入冰片等易挥发细料，拌匀后按大小规格涂摊于纸、布或兽皮之上。要做到菊花心、铜锣边、薄摊有光泽，外形圆整、无缺口拉丝，经重量和质量检验合格才准放行。

"朱养心"的药品制作，一品一方，悉遵古方熬制。时至今日，朱氏的传统药方主要有：万灵五香膏、阿魏狗皮膏、阳和解凝膏、红膏红、碧玉膏（童禄膏）、白玉膏（鲫鱼膏）、格子膏、头疯膏、移星膏、鸡眼膏、三仙丹、八宝珍珠散、日精月华丹（水眼药）、鹅毛管眼药及八宝神效眼药一、二、三号等15类。当年各类成药均在药名前冠以"朱氏"二字，以示正宗。

在这所有药方中，销量能跟膏药类成品匹敌的就是八宝神效眼药，全称"珍珠八宝神效眼药粉"，价廉物美，专治沙眼、红眼。按朱氏家族制药的规矩，黑膏药的制作过程中是允许孩童插手学习劳作的，但唯独眼药要与人的眼睛相接触，对品质的管控要求极高，所用的甘石要剔去硬块，天然珍珠必须逐粒挑选，石蟹不成形者舍去，黄连则用地道川连，全是成人在捣臼中反复碾磨筛选成的。原先朱氏的眼药制成后，专门用拇指大小的小扁瓶收好，需要用时，打开青花瓷瓶的小口，取出少许点入眼中，清凉滋润，毒火顿消。如今，眼药实现工厂化生产后，粉末必须经过菌检合格后，才能在无菌室操作分装成品。此药不仅对一般眼疾有效，而且对白内障也有较好的防治作用。

2011年，朱养心传统膏药制作技艺被列入第三批国家级非物质文化遗产名录。这诞生于市井之间的民间智慧，并同朱养心仁恕的经商理念一道，由一代代传承人口传心授继承下来，融入了杭城记忆的深处。流年易逝，物是人非，哪怕旧时的粉墙黛瓦日渐被高楼大厦所取代，水乡的摇橹声只能在梦中回荡，"朱养心"的故事仍能教会今天的我们，如何走过四百年的坎坷，将当初的本心一以贯之。这就是老字号令人骄傲的伟力，这就是一个城市千载不竭的精神源泉。

张同泰：氤氲药香育诚信

　　杭州之坊巷七百三十有余，繁复众多。西有靛青弄，又名酱园弄，相传此地旧时为染坊，独染青布，河水泛墨色，故得此名。现在这里有南宋钱币博物馆，静静述说着旧时临安的故事。南有桂花弄，旧时人家门前均植桂花树，每到十月，香飘十里，以此得名……杭城到处都是充满了故事和烟火的坊巷：到城隍牌楼尝一尝杏仁糕；或伫立于琵琶巷口听一听跨越千年传来的琵琶月，品一品嘈嘈乐声；走走孩儿巷的砖街，听一听传闻中那"害儿"的故事……孩儿巷的故事众多，你且听我慢慢讲来。

　　"小楼一夜听春雨，深巷明朝卖杏花。"这两句诗出自陆游的《临安春雨初霁》，说的就是旧时杭州的孩儿巷。当清早的第一缕阳光照进孩儿巷这条古街时，街头巷尾大大小小的叫卖声就已此起彼伏地回荡在这条街上，传进每一个早起打着呵欠、伸着懒腰的市民耳朵里。若是早起了，何不往街头巷角走一走？这条街上的陈设可谓应有尽有，从中药铺子到茶馆酒肆，当然还少不了穿街走巷敲着铜钟的卖货郎，凡他们走过的地方，一定都会留下"叮——"的脚印。天晓出市，茶楼在熙熙攘攘的喧闹声中醒来，添卖雪泡梅花酒，或沏一壶清明前龙井，三三两两散落在茶楼里的市民，看着壶里沉沉浮浮的茶叶，伴着龙井的清香谈笑风生；浮铺早卖汤药，酒肆下酒品件，半夏、杏仁、豆蔻、小蜡茶、韵姜、砌香橄榄等，不问要与不要，凡是来此店者，皆为客人；也有独自享受清晨的老大爷，坐在自家门前，跷着二郎腿眯着眼，嘴里轻轻哼着带着杭州话的曲儿，谁也不知道他在哼着什么，也许只是在回味昨晚一夜清梦呢。行至巷口，一位穿黑色长袍、文质彬彬的男子坐在一角，身后架一横幅，上书"张同泰"三个大字。你大可在桌子前坐下，让他为你把把脉，看看气色，或者只是听他叮嘱近日天凉宜食枸杞等。设摊行医并非心血来潮，日复一日，

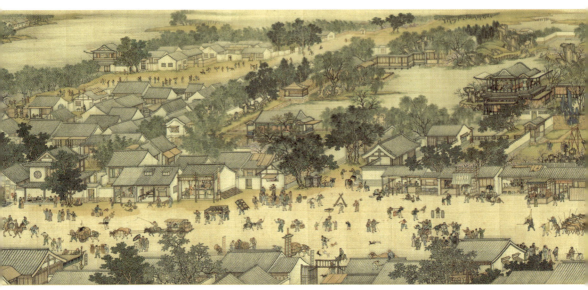

南宋商街

年复一年,他都会在日出之时便坐在巷口,带着身后那书着"张同泰"三个大字的横幅,望闻问切……

一、风雨兼程两百年

坐落在中山北路99号、孩儿巷口的张同泰,曾是杭城六大药店之一,占地1400余平方米。立于孩儿巷口,远远就能看到它的身影。身姿挺拔,巍然屹立,这幢古色古香的文物建筑向人们展示着它的谦逊与博爱。

如果杭城是一棵大树,那么老字号便是这棵树深埋于地下的根,根扎得越深,枝叶就越是繁茂。张同泰就是其中一根须,以它百年来所演绎的诚信故事为根茎,一端连着土地,一端连着人们的记忆,深深扎进了杭州这片土地。

关于张同泰的故事还要从两百多年前说起。

张同泰创始人、张同泰医药馆的一代掌门——张梅,出生于历史悠久的浙江慈溪,家境殷实、天资聪颖的他长期跟随师从父母,培养了敏感精准的经商头脑

和敢闯敢拼的冒险精神。清嘉庆五年（1800），张梅带着在宁波一带经商积蓄下的全部资本合5000两白银只身来到杭州，在新宫桥河下开设了"茂昌药店"，取繁茂昌盛之义，但其事业的发展并没有期许的那样顺利。当时杭州的中药业发展已初具规模，生产经营也日趋完善。望仙桥、清河坊、新宫桥等一带闹市区，可谓名店辈出，想要在这样的环境下自成一派谈何容易！张梅每天踱步街上，立于名店口，观察别人的经营模式、待人用物之道。时间一天天过去，一条条古街均留下了张梅的脚印。皇天不负有心人，经过调研，张梅最后得出了"名店虽多，微小且零散；零售为主，少有批发"的结论。在以人力为主、交通尚不发达的年代，如需大量新鲜药材往往需要耗费巨大的人力、财力，因此药材批发生意势在必行。抓住这一机遇的张梅顺势于嘉庆十年（1805）盘下了同街"沈同泰"药铺，并改名为"张同泰国药号"，专做药材批发生意。张同泰国药号以"择药尤精、选料尤佳、选工尽善"为原则，以"悉遵古法务尽其良，货真价实存心利济"为祖训，以"前店后厂"为经营模式开启了创业历程。尤其是其"前店后厂"的经营模式，在当时是史无前例的，极大地满足了一些小药铺对药材的需求，一些周边以及外地的药铺也会托船途经河道到张同泰来进货。依靠拆兑，张同泰在杭州初步站稳了脚跟。

至清道光年间，步入生命黄昏的张梅早已不能再像以前那样，为张同泰披星

张同泰

戴月了，于是便把一手经营起来的张同泰交给自己的儿子张耐先。第二代掌门张耐先为人踏实，饱读诗书，聪明上进，曾中举人。为人清高的张耐先不适应官场，同时为继承父业，完成父亲心之所愿，毅然弃仕从商，担起了父亲肩上的重担。张同泰对于张耐先来说也有着特别的意义，他是亲眼看着父亲一步步把它经营起来的，也是从小就跟在父亲身后在药店跑进跑出的，不知不觉中药店已经融进了他的生命中，成为他成长、记忆的一部分。从此以后，张耐先一心扑在药店上，把经营壮大张同泰作为自己一生的事业。张同泰在张耐先的精心呵护和经营下一步步成长、壮大。至咸丰年间，张耐先于杭城又购入4亩地，把张同泰打造成为杭城一流的大药铺。同治元年（1862），他又在靴儿河下增开了益元参店，事业风生水起，一时家喻户晓，凡来杭州者，皆听说过张同泰。而在浙江慈溪老家，"姚马经张，银子好打墙"的歌谣也已经传唱开来。由此可见，张同泰在当时影响之大。

第三代掌门张舜伯精通制作国药，尤善参茸、银耳补品。光绪七年（1881），张舜伯于上海松江白龙潭口大街开设益元分号，开发壮大张同泰的周边市场以及品牌效应。张舜伯非常注重宣传，每年开始制作全鹿丸时，都先在街头巷尾敲锣打鼓，聚集百姓，次日于大庭广众之下，抬出活鹿，将其缢死而后放血，再将当归、玉桂等珍贵中草药与之相拌均匀，以示全鹿丸材料的真实和新鲜。在张舜伯的大力宣传下，张同泰品牌扬名整个江南，为日后张同泰规模的继续扩大打下了很好的根基。除了注重宣传之外，张舜伯本人也经常为市民提供免费服务，他尤其喜爱制作香包。以白芷、川芎、荟草、甘松、山奈、薰草、泽兰、艾叶等多种花草为材料，经提炼后缝制成香包，在端午盛夏之时，将此香包佩戴于身上，淡淡的花香融合着药的芳香萦绕全身上下，可防蚊虫侵扰。自此以后，端午送香包也成了张同泰药店的惯例。

第四代掌门张宏湘在继承前人的基础上更加完善了经营方式，彻底贯彻经营理念，铭记祖训，使得张同泰得到了进一步发展壮大。

第五代掌门张鲁庵志趣风雅，工诗文，善篆刻，颇有儒商风范。他接手张同泰之后，做的第一件事就是对药号进行大规模翻建，以砖、木、石为原料，以木架为支撑，用料硕大厚实，雕刻精致典雅。外部重建石库门，门额上刻着"万象"商标，门楣刻着"张同泰"三个镀金大字，门两旁均悬挂铜牌，上书"张同泰道地药材"。

雕花亭子及药局

内部形态依旧按清代江南典型传统药店布局，前店后坊，可分为三进。一进正门进入，可见八角雕花亭子，亭梁上黑漆木碑，上面刻着"虔诚"两个镀金大字，亭柱上书"修合无人见，存心有天知"。二进为经营铺厅，上书"药局"二字，举目远瞻，宫灯高悬、雕梁画栋，好不气派。两侧设和合柜台，雕花镂空的木窗门，枣红色梨木中药柜和丸散柜对称而设，百眼橱、中药柜、瓷瓶、药罐、药船、药刀等林立在二进室里。药堂里弥漫着淡淡的药香，充满了浓浓的中药文化气息。整个药馆呈典型晚清徽派建筑样式，端庄朴素的风火墙在阳光下尽显伟岸、古朴之美，融古、雅、美、大为一体，颇具风范。张鲁庵翻建之后，药馆外部形态已基本定型。直至今日，张同泰依旧保有其徽派建筑的样式。

　　和平的日子并没有持续多久，正在张同泰欣欣向荣之时，日本侵略者的枪声打响了。太阳依旧像以前那样升起，但是疲于躲避饥饿、战乱、死亡的人们早已没有了那份安定之心。杭城屡遭异族兵燹骚扰，经济衰退，著名的药铺先后停

张同泰药店外部

业或者内迁县镇，药市一度萧条。张同泰作为杭城药铺一大品牌，免不了遭受落败之痛。日寇侵占杭州以后，企图借张鲁庵在杭州医药业的声誉和号召力，以妻儿的生命威胁他担任日伪杭州药业公会会长。他偷偷遣散了全部员工，并于某天半夜秘密带着家眷迁到浙西乡下，顺利逃离虎狼之口。自此，张同泰停业三年。

抗日战争结束以后，张同泰再度开始营业，颇具雄心和冒险精神的张鲁庵试图在上海开设"张同泰上海分行"。正在着手准备一切的时候，又一声枪响击碎了他所有的美梦，三年内战开始。国统区通货膨胀严重，经济崩溃，民族企业在夹缝中艰难生存，张鲁庵想要在上海飞翔的梦散落一地。但是他立即调整心态：比起往更高处飞翔，更重要的是先踏踏实实走好眼下的路。于是，重振张同泰也就成了当务之急。1949年5月杭州解放，张同泰迎来晴天。经历了两场战争的张同泰像一个苟延残喘的老人，但是因为有了稳定安定的环境，正在一步步恢复起来。1966年"文化大革命"爆发，药馆里的书画、雕刻全被查封、毁灭。所有老字号药店、药厂全部更名，张同泰国药号更名为"春光药店"，过去的辉煌再也不见身影。

改革开放以后，政府大力支持民营企业的发展。在这样的大背景下，曾经败落一蹶不振的张同泰在杭州市政府的支持帮助下迅速站了起来，复用原名张同泰，直到今日。

回首这两百余年，一路走来，风和日丽也好，狂风大作也罢，张同泰在跌跌撞撞中，经历了兴衰沉浮，见证了历史动荡，如今这棵幼芽已经长成参天大树。在未来的日子里，张同泰也将继续站在孩儿巷口，静静地叙说着过去的故事，编织着未来的梦想，深深扎进这片土地，印在人们心间。

二、悉遵古法尽其良

张同泰自1805年创立之初起，历经两百多年，一直秉承着"悉遵古法务尽其良，货真价实存心利济"的祖训，坚持着"以义为利、以仁存心""货真价实、存心利济"的经营理念，从原材料采摘、饮泛、切制、干燥、复制、收藏，每一步都严格把关，争取把最道地纯正的药材送到病人手中。一种中药从种植时间到培养、采摘使用，都有严格标准。就拿最常见的枸杞举例：枸杞喜冷凉的气候条件，适宜生长的温度白天为20℃—25℃，夜间为10℃左右，喜光照；需经常保持土壤湿润，但不耐涝。播种前需将枸杞干果放在水中浸泡1—2天，搓去果皮、果肉，在清水中洗出种子。捞出种子后晾干，然后与三种细沙搅拌均匀，在室内温度20℃的情况下催芽。这些都做好之后，并不能放心。采摘也是一个非常重要的环节，夏天采，种子少肉厚，质量好；冬天采，种子多肉薄，质量差。仅仅是一颗枸杞就需要注意如此多复杂的要点，可见要保证那么多药材的道地纯正有多困难，但是张同泰人做到了，他们一直谨记：开药店赚的是良心钱，医生把握着的是病人的生命，步步小心才能把路走好。

张同泰自制成药360余种，屡经校验，自成格局；虔制各色散丸单膏，坚持自产自销。张同泰自创的"高氏煎膏法"，自成一派，在选料、浸润、取汁、过滤、浓缩、收膏的每一步都做到尊重每一味药材的特性，严格进行把关。

在膏方选料上，张同泰始终坚持"择药尤精，选料尤佳，选工尽善"。为了保证药材纯正道地，张同泰经常派一些资深的药材专家和药师去实地考察，然后再购买。红花要隔年采于西藏，山参要到高纬东北去，茯苓一定要来自云南苍山洱海，枸杞需到甘肃、宁夏采摘才能味甜肉厚……药是治病救命的，所以一丝一毫都马虎不得。正是因为这种一丝不苟的精神，张同泰在药材源头上便使膏药有了质量保证。在取汁上，为充分利用药材，同时使药材充分溶解，将药材中的有效成分都泡出来，需将药材浸润12小时以上，根据药材的特性调整时间与水的温度，这是决定所制作膏药的好坏的第一步，马虎不得。取汁之后的煎煮则更为复杂。一开始用大火煎，大火煎药汁煎到沸腾，随后转小火慢熬，在这个过程中需充分搅拌，一边搅拌一边去除浮沫，温汁的同时又能保证药汁不会糊掉。煮三至六小时，过滤出药液，药渣加冷水再煎。这样反复三次，合并药液。第一汁让药材可以充分吸收，第二汁是为了把药材的成分煎出来，第三汁是为了让药材彻底吸收。环环相扣，缺一不可。煎完"三汁"后，静置三小时，然后用四层纱布过滤三次。再用粗细筛子相结合，筛选由粗到细，从而达到药汁纯正无杂质，为膏体细腻柔和提供可能性。在收膏上采用科学手法，根据不同药材的药理性质，合理设置药材搅拌的频率和温控，慢熬细收。收膏这一步起着至关重要的作用，能不能收好直接关系到膏体的好坏。张同泰所用的技法首先会对膏体中加入的药材进行分析，根据药材的不同特性和比例对加入的辅料有一个合理的调整，使得膏体稠稀适当，同时不至于串香。做成功的完美膏体应该同时具有"清、透、亮"三大特点。每剂膏方从抓药到最后熬制完成，至少需要5天。正是本着这种认真负责、不急不躁的态度，张同泰制作出来的药膏才能远近闻名。

张同泰有一种名药"驴皮膏"就是用这种方法熬制出来的。采办天山、云南原生态纯驴皮为原料，6个月浸润去毛，除去杂质，直至秋天晒干收藏，立冬以后开炉煎胶。张同泰每年都会派人到西湖白沙泉取熬膏之水。晒干的上等驴皮在清澈甘洌的泉水里煎煮24小时，倒出过滤，用"三汁法"取汁，再用大铜锅文火收胶，需68小时，而后倒入胶盘冷却12小时，切成扁方块，各色荤胶，一律保存3年出售。

张同泰还有一味药，名为"羊胆丸"，是一位名叫徐文达的老中医研发出来的。在当时的医疗条件下，患上肺结核就相当于死亡，无药可医。徐文达不忍看病人遭受这般痛苦与绝望，于是潜心研发医治肺结核之药。凭借着多年的医学经验和丰富的医学知识，徐文达发现羊胆对根治肺结核有奇效。而制作这味药的羊胆一定要取自生活在青藏高原上的羊，且羊胆一定要活取功效才好。当年，张同泰就派药师到青藏高原，专门为收购活羊胆把关。张同泰的羊胆丸对镇咳、祛痰、平喘、止血等均有奇效，当时张同泰每年向全国各地邮发的羊胆丸竟有两三辆三

百年铜锅

轮车的量。

张同泰除了做药材生意，还会聘请名医坐堂问诊，并将这些心得体会和从中收集到的资料一一整理编辑记录下来，整理成书，留传后世。《张同泰药方集》《同泰养生方道》等就是出自张同泰，至今仍在民间流传。

三、掌门人逸闻趣事

关于掌门人张梅为什么要开药馆，还有一段小故事。张同泰的创始人张梅出生于浙江慈溪的儒商世家，家境殷实，但他自小身患怪病，访遍各地名医却不得治。正在家人焦头烂额之际，一位遍地访游的癞头和尚敲响了张家的大门，云："我知贵公子身患怪疾且长久不愈，我这里有一味丸药可治好他的病，但你们需答应我一件事，日后要让他拜师学医。"希望日后子承父业的儒商张父哪里肯答应这样泼皮无理之话，但是求医心切的张母立即应允。说来也怪，张梅服下那味丸药以后，病竟痊愈。喜出望外的一家人正要拜谢时，癞头和尚却早已不见踪影，只留下两粒药丸和一张药方。一头雾水、不解何意的张家人便去庙里求了术士，一问才知，原来这癞头和尚并非凡人，乃是天上的药王下凡来解救苍生的。几日后，正逢药王庙在为药王举行祭祀礼。张家人来参加祭礼，返回途中见到路口坐着一个摆摊卖古董的白发苍苍的老者，他见了张梅便说："我看先生和我这里一件器物有缘。"说着便拿出一个青花瓷器碾药船："既是有缘，我便将它赠予先生，还望能好好珍惜。此物有灵气，碾出来的药丸灵验。"此后，张梅相信自己与中医药确有着一些缘分，就决定要从医。于是，他一边刻苦研读中药岐黄之术，一边经商，为日后开店积攒资本，这个青花瓷器碾药船也就成了张同泰的镇店之宝。

张梅非常看重"诚信"二字，立下了"悉遵古法务尽其良，货真价实存心利济"的祖训，关于这个祖训还有一个故事。在一个大雪封街的早上，有一个叫张乾生的人跟跟跄跄地来到张同泰，为病危的父亲抓药。看店的伙计一时手忙脚乱，没有认真把关药材的质量，只是按方抓药。回来检查药材质量的张梅发现有一味药已经受潮变质不能使用，便问伙计是否用了这味药。伙计支支吾吾地说："用进去了。"前后询问一遭，只知前来抓药的人名为"张乾生"。张梅义无反顾地折身迈入大雪之中，寻找张乾生。既不知住址，也不晓相貌，仅凭一个名字要找人谈何

张同泰花露瓶

容易？直至中午，张梅听闻隔街传来哭声，走近一看，路中央烧着草鞋，定是有人过世了。张梅祈祷这个过世的人不是因为吃了自己的草药而亡故，走近一看，过世人名为"章前生"，危机暂时解除。张梅加快了寻人的脚步，最后终于找到了张乾生。万幸的是，正在煎药的陶罐还在炉子上，药尚未入口。张梅说明了来龙去脉，并且重新为他配了一服药，退还了全部医药费。张梅以此为训，让药馆所有员工都要牢记"诚信"和"道地"两条准则，并着以烫金大字"悉遵古法务尽其良，货真价实存心利济"悬挂于店内最醒目的位置。

当年，张同泰熬药制膏用的水都需从西湖里取，王三丰就是挑水工之一。习惯赤脚走路的他，有一次在挑水的途中脚被砾石所伤，疼痛难忍，但是因怕被辞退并不敢请假。直到伤口化脓感染，脚肿起一大块实在不能走路了，才向领头班长说起这件事。张梅听说了之后，非但绝口不提辞退一事，还亲自用名贵的麝香和云南白药给他包扎伤口，连休养时的工钱也分文不少地给他。

为了报答张梅的这份恩情，每到张同泰开始熬制阿胶或者驴皮膏的日子，王三丰就叫上十几个挑水工一路边担水边吆喝："杭州父老 —— 看仔细了 —— 张同泰呀 —— 今日熬胶 —— 用的皮啊 —— 关中驴呀 —— 用的水呀 —— 西湖水呀——煎什么呀——驴皮胶啊——药中补品——是阿胶呀——润肺经呀——滋阴肾……"类似山歌的对唱方式,不但给枯燥乏味的挑水之路增添了很多乐趣,更使得沿途杭州市民对张同泰的名号耳熟能详,这也在无形中为张同泰打了一个响亮的广告。

塘栖古镇有一家新开的中药铺子,慕名来张同泰进药。当时正在值班的叶经理贪图小利,将已经受潮变质的柴胡卖了出去,等张梅问起这件事情时,叶经理轻描淡写地说:"是我把那些柴胡卖出去的,单单是这两袋受潮柴胡就多卖了许多钱。"张梅来不及问责叶经理,立即折身去追那位进药的先生,但是此时哪里还来得及?张梅迅速地于半路拦下一辆马车奋力直追,但行至码头,开往塘栖的最后一班船早已不见踪影。张梅立即让车夫沿着大运河继续追去。直到月上梢头,掌灯时分,张梅早已饿得前胸贴后背,幸运的是,人总算追上了。张梅立即上去说明情况,向客人道歉,并且退还了全部的药钱。次日一早,张梅便派伙计把优质的柴胡送到塘栖去。月下沿河追人,追的更是诚信。

五世传人张鲁庵,字炎夫,号幼蕉。自1910年后,张同泰由他接手。他接手之后,将张同泰进行了大规模翻建。外部重建石库门,门额上刻"万象"商标,门楣刻着"张同泰"三个镀金大字,门两旁均悬挂铜牌,上书"张同泰道地药材"。传言这几个字为张大千之师曾熙所书。张鲁庵为人风趣幽默,工诗文,因精篆刻善制印泥而闻名遐迩,以商养文,颇具儒商风范。他27岁时师从赵叔孺,在赵老的门下学习篆刻,因他天资聪慧且喜于钻研,很快就掌握了篆刻之术,擅工秀隽雅之风。耗时多年,经他精心研制出的"鲁庵印泥",朱红极为艳丽,不渗不化且永不褪色,为圈内人所追捧收藏。除了在印学方面造诣颇深,张鲁庵同时工于诗文、书法和国画。少年时曾和张大千结成好友,经常在一起探讨篆刻之艺,推敲平仄、歌词咏赋。张大千是我国著名的书法家、墨画家,曾被西方文坛誉为"东方之笔",除绘画艺术之外,他对诗词、古文、戏剧、音乐、书法、篆刻了解颇深,结交齐白石、徐悲鸿、黄宾虹等国内名家,与毕加索切磋艺术,艺术成就登峰造极。

1959年秋,西泠印社在成立60周年之际收到了一笔迄今为止最丰富的馈赠,数量之大,价值之高,令人瞠目。其中包括历代印谱433部、秦汉印300余方、明清流派印1220方。这笔珍贵的馈赠即来自于张同泰五世传人——张鲁庵。西泠印社为了感谢馈赠人张鲁庵,同时为了更好地存放这笔文化遗产,特辟一房间,斋名为"望云草堂",并由著名书法家、西泠印社社长张宗祥先生书额和跋,以示永志。

任伯年《松鹤寿柏图》

四、张同泰老字号不老

两百余年来，张同泰始终遵循着"悉遵古法务尽其良，货真价实存心利济"的祖训，以善待顾客、善待商客、善待员工为理念，加强企业自身建设和发展，为了迎接新时代、新市场的挑战，创造出具有张同泰特色的中医药文化。

历经百年却还是如此富有生命力的张同泰，和其系统的管理方法和严格聘用人才的理念分不开。张同泰的药店倌被尊称为"先生"，身着白色深衣，颇有君子之风。对外不直呼姓名，而是借"采仙芝""以济事""借圣道"等雅号，皆取自关于医药典故或医学精神。先生们从天晓开始忙碌，为清早就来问医看病的病人配方抓药，手法娴熟，没有任何犹豫。龙骨、桃枝、两头尖、六棱菊、六月寒……但凡单子上有的，先生们都能又快又准确地配好药。举手投足间颇具医者风范，为民间巷里传扬，远近咸知。

旧时，张同泰店规森严，讲究大家风范，要生财但也不能落入俗套，要生良心财。内厅内贴红纸，纸上标明店规，有何时上柜、如何上柜、如何接待病人、如何和病人沟通、如何给病人抓药、何时下柜、禁止事宜等等，全部明文标记清楚，尤其是在端午、中秋和年关，更不能放松警惕。若有违反者，轻者自罚，写反省书，重者则被辞退。伙计们戏称这三节为"三鬼节"。森严的店规造就了严谨负责的张同泰人，其自律和高度的自我管理、约束能力，换来的是百姓的好口碑和张同泰的好品牌。

在当代管理上，除了传统的管理方法之外，张同泰也十分注重贴近时代发展的步伐。2018年6月30日，2018中国科学管理大会暨第六届管理科学奖颁奖典礼在北京隆重召开，杭州张同泰中医门诊部有限公司获第六届管理科学奖入围奖。管理科学奖是由国家一级学会——中国管理科学学会牵头举办、国家科技奖励办公室批准设立的全国科技奖，每两年评选一次，由各领域权威专家组成的评审委员会按照"公平、公正、公开"的原则，对奖项申请者严格审核后投票产生最终获奖名单。杭州张同泰中医门诊部凭借"张同泰互联网医院建设"，通过层层筛选，在300多个申报项目中突围而出，拿下科学管理奖入围奖。这项荣誉的获得，是张同泰领导班子长期以来与时俱进、开拓创新的结果。作为全国首家中医门诊网络医院，2017年张同泰互联网医院项目上线以来，重点打造预约挂号、在线问

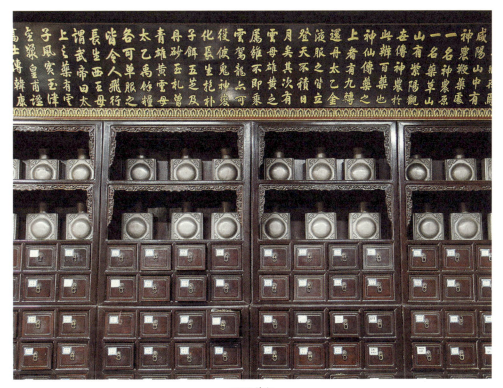

百眼药橱

诊、药事服务与医患互动等功能，改善中医诊疗、中医药事服务现状，创新探索新的服务模式。不仅如此，张同泰进一步拓展发展思路，做好中医药事业的大力宣传，激活发展要素，继续优化预约挂号、在线问诊、药事服务等项目，以互联网为媒介，将患者和医生联系起来，实现在线上也能体验传统中医的望闻问切，试图最终摸索出一条适合中医的互联网诊疗模式。

此外，张同泰非常注重发扬传统，造福百姓，隔三岔五就在街头巷角设摊行医，为过路行人免费诊治。这个有着两百多年历史的中华老字号，正在以它的方式宣扬中华传统文化。张同泰会根据四时不同，采用当季药材，制作特有药方赠送百姓。比如：端午佳节会制作香包赠予市民，可防蚊虫侵扰；暑天烈日会做缩脾饮暑药，由砂仁、草果、乌梅、甘草、扁豆、葛根六味药材配制成饮，为来店里看病的病人解暑消乏；重阳九月会摘取新鲜开放的菊花，经过饮泛、漂净、干燥之后泡成热茶，为来来往往的路人解渴去火；年终腊月会多合药剂，侑以虎头丹、八神、屠苏，贮以香囊，馈赠大家，谓之"腊药"。

　　除了每年传统的免费义诊和馈赠之外，张同泰还在以现代的方式做着公益活动，为民服务。2018年5月，张同泰接待了一批特殊的客人 —— 长寿桥小学一年级的200多个孩子，开启了一场"购买中药香粉体验端午文化"活动。兴冲冲的小朋友像一群小鱼儿一样穿梭在张同泰药方大厅，好奇心旺盛的他们睁着大大的眼睛看着柜台上正在配制中药香粉的员工。在张同泰员工的耐心的介绍解释下，他们依次认识了丁香、白芷、白菖蒲等药材。向孩子们展示中药文化、给予中药启蒙，无疑也是传承中华优秀传统文化的重要组成部分。2018年5月，杭州朝晖实

张同泰内景

验小学四年级假日小队队员来参加活动，体验作为"一日药师"的乐趣。医馆工作人员带领孩子们实地观察了药房的工作，了解了中药的起源和发展，同时带他们认识了一些动物药材，如全蝎、海马、蜈蚣、蛇皮等。通过近距离接触中药，启蒙了小学生对中医药的兴趣。此外，由杭州青少年发展中心组织，数百家企事业单位提供实践基地，为中学生设计和开展了以职业体验为基本形式的第十四届中学生社会实践活动，百年老字号张同泰应邀加入实践基地，并推出了中药调剂助理和中医助理两个实践岗位，签订实践合同的学生于同年暑期陆续上岗，开展了为期一周的中医药文化实践和体验。2018年6月，张同泰名医国药馆携手国家级名

清末民初设摊行医

药盘

中医王樟连主任医师、王芸主任中医师到浙江省公安厅开展中医义诊活动。两位医师以中医治未病理念让广大干警全面了解自己的身体健康状况，通过"望闻问切"对前来就诊的患者进行细致的把脉检查并施以针灸等中医诊疗方法，缓解了公安警察职业常见病症给大家带来的困扰。第十二届杭州市文化创意博览会上，张同泰应2018文博会下城文创秋季女装设计大赛的邀请，以"中医药文化＋时尚创意的跨界融合"为主题，设计并展现了一系列具有鲜明中医药文化特色的作品，通过中医药文化服装展示、模特走秀、茶艺表演、VR真人体验等形式，展现了传统中医药文化与现代文化创意的跨界融合，演绎了别具一格的精彩。通过这次展会，人们对现代时尚是如何与中医药特色资源融合开发出各类文化创意衍生产品的有了更多了解，通过这种方式，张同泰不仅为自己做了宣传，同时也宣扬了中医药文化。

　　2006年12月，在张同泰成立200周年之际，国家商务部重新认定张同泰为"中华老字号"，随后张同泰被浙江省经济贸易委员会认定为"浙江老字号"，浙江省文化厅将其列为"浙江省非物质文化遗产中华老字号保护传承基地"。2007

年6月，浙江省人民政府颁发"浙江省非物质文化遗产"给张同泰道地药材。2008年12月，杭州市文物保护单位设张同泰为"先进单位"。2009年12月，杭州市人民政府将张同泰列为"杭州老字号"，中国非物质文化遗产将其列入"浙江省非物质文化遗产目录"。2013年9月，杭州市文化广电新闻出版局将张同泰列为"杭州市第一批非物质文化遗产生产性保护示范基地"。2016年12月，杭州市市场监督管理局将它列为"杭州市著名商标"。林林总总，张同泰获得的头衔不计其数，但是这并没有让它骄傲自满，稻谷越是成熟头垂得越低，张同泰亦是如此。老字号不老，在未来，张同泰也将继续继往开来，在杭城叙述着它的传奇故事。

张同泰是一段记忆，记忆识路，氤氲着中药的清香，两百年来，萦绕在每一个杭城人的心中；张同泰是一棵大树，深深扎根在这片土地之上，两百年来，风风雨雨不倒，像杭城的坐标岿然屹立在孩儿巷口，为过路的行人指明方向；张同泰是一坛陈年老酒，在两百多年的岁月里温暖发酵，时间不会让其失色，只会让其更有味道，在未来的日子里，它将继续发酵，在岁月里越发浓香。

图书在版编目（CIP）数据

船载药材运输忙 / 王露著 . -- 杭州：杭州出版社，
2021.10

（杭州河道老字号系列丛书）

ISBN 978-7-5565-1485-4

Ⅰ.①船… Ⅱ.①王… Ⅲ.①中药材—老字号—专业
商店—商业史—杭州 Ⅳ.① F721.8

中国版本图书馆CIP数据核字（2021）第086699号

Chuan Zai Yaocai Yunshu Mang

船 载 药 材 运 输 忙

王露 著

责任编辑	俞倩楠
封面设计	章雨洁
出版发行	杭州出版社（杭州市西湖文化广场32号）
	电话：0571-87997719 邮编：310014
	网址：www.hzcbs.com
排　版	杭州万方图书有限公司
印　刷	浙江全能工艺美术印刷有限公司
经　销	新华书店
开　本	710 mm × 1000 mm　1/16
印　张	11.5
字　数	198千
版 印 次	2021年10月第1版　2021年10月第1次印刷
书　号	ISBN 978-7-5565-1485-4
定　价	48.00元

《杭州全书》

"存史、释义、资政、育人"
全方位、多角度地展示杭州的前世今生

杭州全书

杭州文献集成	杭州丛书	杭州通史	杭州辞典	杭州研究报告
西湖文献集成	西湖丛书	西湖通史	西湖辞典	西湖研究报告
西溪文献集成	西溪丛书	西溪通史	西溪辞典	西溪研究报告
运河（河道）文献集成	运河（河道）丛书	运河（河道）通史	运河（河道）辞典	运河（河道）研究报告
钱塘江文献集成	钱塘江丛书	钱塘江通史	钱塘江辞典	钱塘江研究报告
良渚文献集成	良渚丛书	良渚通史	良渚辞典	良渚研究报告
湘湖（白马湖）文献集成	湘湖（白马湖）丛书	湘湖（白马湖）通史	湘湖（白马湖）辞典	湘湖（白马湖）研究报告

《杭州全书》已出版书目

文献集成

杭州文献集成

1.《武林掌故丛编（第1—13册）》（杭州出版社2013年出版）
2.《武林往哲遗著（第14—22册）》（杭州出版社2013年出版）
3.《武林坊巷志（第23—30册）》（浙江人民出版社2015年出版）
4.《吴越史著丛编（第31—32册）》（浙江古籍出版社2017年出版）
5.《咸淳临安志（第41—42册）》（浙江古籍出版社2017年出版）

西湖文献集成

1.《正史及全国地理志等中的西湖史料专辑》（杭州出版社2004年出版）
2.《宋代史志西湖文献专辑》（杭州出版社2004年出版）
3.《明代史志西湖文献专辑》（杭州出版社2004年出版）
4.《清代史志西湖文献专辑一》（杭州出版社2004年出版）
5.《清代史志西湖文献专辑二》（杭州出版社2004年出版）
6.《清代史志西湖文献专辑三》（杭州出版社2004年出版）
7.《清代史志西湖文献专辑四》（杭州出版社2004年出版）
8.《清代史志西湖文献专辑五》（杭州出版社2004年出版）
9.《清代史志西湖文献专辑六》（杭州出版社2004年出版）
10.《民国史志西湖文献专辑一》（杭州出版社2004年出版）
11.《民国史志西湖文献专辑二》（杭州出版社2004年出版）
12.《中华人民共和国成立50年以来西湖重要文献专辑》
（杭州出版社2004年出版）
13.《历代西湖文选专辑》（杭州出版社2004年出版）
14.《历代西湖文选散文专辑》（杭州出版社2004年出版）

西溪文献集成

1.《西溪地理史料》（杭州出版社 2016 年出版）
2.《西溪洪氏、沈氏家族史料》（杭州出版社 2015 年出版）
3.《西溪丁氏家族史料》（杭州出版社 2015 年出版）
4.《西溪两浙词人祠堂·蕉园诗社史料》（杭州出版社 2016 年出版）
5.《西溪蒋氏家族、其他人物史料》（杭州出版社 2017 年出版）
6.《西溪诗词》（杭州出版社 2017 年出版）
7.《西溪文选》（杭州出版社 2016 年出版）
8.《西溪文物图录·书画金石》（杭州出版社 2016 年出版）
9.《西溪宗教史料》（杭州出版社 2016 年出版）

运河（河道）文献集成

1.《杭州运河（河道）文献集成（第 1 册）》（浙江古籍出版社 2018 年出版）
2.《杭州运河（河道）文献集成（第 2 册）》（浙江古籍出版社 2018 年出版）
3.《杭州运河（河道）文献集成（第 3 册）》（浙江古籍出版社 2018 年出版）
4.《杭州运河（河道）文献集成（第 4 册）》（浙江古籍出版社 2018 年出版）

钱塘江文献集成

1.《钱塘江海塘史料（一）》（杭州出版社 2014 年出版）
2.《钱塘江海塘史料（二）》（杭州出版社 2014 年出版）
3.《钱塘江海塘史料（三）》（杭州出版社 2014 年出版）
4.《钱塘江海塘史料（四）》（杭州出版社 2014 年出版）
5.《钱塘江海塘史料（五）》（杭州出版社 2014 年出版）
6.《钱塘江海塘史料（六）》（杭州出版社 2014 年出版）
7.《钱塘江海塘史料（七）》（杭州出版社 2014 年出版）
8.《钱塘江潮史料》（杭州出版社 2016 年出版）
9.《钱塘江大桥史料（一）》（杭州出版社 2015 年出版）
10.《钱塘江大桥史料（二）》（杭州出版社 2015 年出版）
11.《钱塘江大桥史料（三）》（杭州出版社 2017 年出版）
12.《海宁专辑（一）》（杭州出版社 2015 年出版）
13.《海宁专辑（二）》（杭州出版社 2015 年出版）
14.《钱塘江史书史料（一）》（杭州出版社 2016 年出版）
15.《城区专辑》（杭州出版社 2016 年出版）
16.《之江大学专辑》（杭州出版社 2016 年出版）

17.《钱塘江小说史料》（杭州出版社 2016 年出版）
18.《钱塘江诗词史料》（杭州出版社 2016 年出版）
19.《富春江、萧山专辑》（杭州出版社 2017 年出版）
20.《钱塘江文论史料（二）》（杭州出版社 2017 年出版）
21.《钱塘江文论史料（三）》（杭州出版社 2017 年出版）
22.《钱塘江文论史料（四）》（杭州出版社 2017 年出版）
23.《钱塘江水产史料》（杭州出版社 2017 年出版）
24.《钱塘江史书史料（二）》（杭州出版社 2019 年出版）
25.《钱塘江明清实录史料》（杭州出版社 2019 年出版）
26.《钱塘江省府志史料》（杭州出版社 2019 年出版）
27.《钱塘江县志史料》（杭州出版社 2019 年出版）

余杭文献集成

《余杭历代人物碑传集（上下）》（浙江古籍出版社 2019 年出版）

湘湖（白马湖）文献集成

1.《湘湖水利文献专辑（上下）》（杭州出版社 2013 年出版）
2.《民国时期湘湖建设文献专辑》（杭州出版社 2014 年出版）
3.《历代史志湘湖文献专辑》（杭州出版社 2015 年出版）
4.《湘湖文学文献专辑》（杭州出版社 2019 年出版）

丛　书

杭州丛书

1.《钱塘楹联集锦》（杭州出版社 2013 年出版）
2.《艮山门外话桑麻（上下）》（杭州出版社 2013 年出版）
3.《钱塘拾遗（上下）》（杭州出版社 2014 年出版）
4.《说杭州（上下）》（浙江古籍出版社 2016 年出版）
5.《钱塘自古繁华——杭州城市词赏析》（浙江古籍出版社 2017 年出版）
6.《湖上笠翁——李渔与杭州饮食文化》（浙江古籍出版社 2018 年出版）

西湖丛书

1.《西溪》（杭州出版社 2004 年出版）
2.《灵隐寺》（杭州出版社 2004 年出版）
3.《北山街》（杭州出版社 2004 年出版）
4.《西湖风俗》（杭州出版社 2004 年出版）
5.《于谦祠墓》（杭州出版社 2004 年出版）
6.《西湖美景》（杭州出版社 2004 年出版）
7.《西湖博览会》（杭州出版社 2004 年出版）
8.《西湖风情画》（杭州出版社 2004 年出版）
9.《西湖龙井茶》（杭州出版社 2004 年出版）
10.《白居易与西湖》（杭州出版社 2004 年出版）
11.《苏东坡与西湖》（杭州出版社 2004 年出版）
12.《林和靖与西湖》（杭州出版社 2004 年出版）
13.《毛泽东与西湖》（杭州出版社 2004 年出版）
14.《文澜阁与四库全书》（杭州出版社 2004 年出版）
15.《岳飞墓庙》（杭州出版社 2005 年出版）
16.《西湖别墅》（杭州出版社 2005 年出版）
17.《楼外楼》（杭州出版社 2005 年出版）
18.《西泠印社》（杭州出版社 2005 年出版）
19.《西湖楹联》（杭州出版社 2005 年出版）
20.《西湖诗词》（杭州出版社 2005 年出版）
21.《西湖织锦》（杭州出版社 2005 年出版）
22.《西湖老照片》（杭州出版社 2005 年出版）
23.《西湖八十景》（杭州出版社 2005 年出版）
24.《钱镠与西湖》（杭州出版社 2005 年出版）
25.《西湖名人墓葬》（杭州出版社 2005 年出版）
26.《康熙、乾隆两帝与西湖》（杭州出版社 2005 年出版）
27.《西湖造像》（杭州出版社 2006 年出版）
28.《西湖史话》（杭州出版社 2006 年出版）
29.《西湖戏曲》（杭州出版社 2006 年出版）
30.《西湖地名》（杭州出版社 2006 年出版）
31.《胡庆余堂》（杭州出版社 2006 年出版）
32.《西湖之谜》（杭州出版社 2006 年出版）
33.《西湖传说》（杭州出版社 2006 年出版）
34.《西湖游船》（杭州出版社 2006 年出版）
35.《洪昇与西湖》（杭州出版社 2006 年出版）

36.《高僧与西湖》（杭州出版社 2006 年出版）

37.《周恩来与西湖》（杭州出版社 2006 年出版）

38.《西湖老明信片》（杭州出版社 2006 年出版）

39.《西湖匾额》（杭州出版社 2007 年出版）

40.《西湖小品》（杭州出版社 2007 年出版）

41.《西湖游艺》（杭州出版社 2007 年出版）

42.《西湖亭阁》（杭州出版社 2007 年出版）

43.《西湖花卉》（杭州出版社 2007 年出版）

44.《司徒雷登与西湖》（杭州出版社 2007 年出版）

45.《吴山》（杭州出版社 2008 年出版）

46.《湖滨》（杭州出版社 2008 年出版）

47.《六和塔》（杭州出版社 2008 年出版）

48.《西湖绘画》（杭州出版社 2008 年出版）

49.《西湖名人》（杭州出版社 2008 年出版）

50.《纸币西湖》（杭州出版社 2008 年出版）

51.《西湖书法》（杭州出版社 2008 年出版）

52.《万松书缘》（杭州出版社 2008 年出版）

53.《西湖之堤》（杭州出版社 2008 年出版）

54.《巴金与西湖》（杭州出版社 2008 年出版）

55.《西湖名碑》（杭州出版社 2013 年出版）

56.《西湖孤山》（杭州出版社 2013 年出版）

57.《西湖茶文化》（杭州出版社 2013 年出版）

58.《宋画与西湖》（杭州出版社 2013 年出版）

59.《西湖文献撷英》（杭州出版社 2013 年出版）

60.《章太炎与西湖》（杭州出版社 2013 年出版）

61.《品味西湖三十景》（杭州出版社 2013 年出版）

62.《西湖赏石》（杭州出版社 2014 年出版）

63.《西湖一勺水——杭州西湖水井地图考略》
（浙江人民美术出版社 2019 年出版））

64.《行走西湖山水间》（杭州出版社 2019 年出版）

65.《西湖摩崖萃珍一百品》（杭州出版社 2019 年出版）

66.《诗缘西子湖》（杭州出版社 2020 年出版）

西溪丛书

1. 《西溪寻踪》（杭州出版社 2007 年出版）
2. 《西溪的传说》（杭州出版社 2007 年出版）
3. 《西溪的动物》（杭州出版社 2007 年出版）
4. 《西溪的植物》（杭州出版社 2007 年出版）
5. 《西溪沿山十八坞》（杭州出版社 2007 年出版）
6. 《西溪历代诗文选》（杭州出版社 2007 年出版）
7. 《西溪书法楹联集》（杭州出版社 2007 年出版）
8. 《西溪历史文化探述》（杭州出版社 2007 年出版）
9. 《西溪胜景历史遗迹》（杭州出版社 2007 年出版）
10. 《西溪的水》（杭州出版社 2012 年出版）
11. 《西溪的桥》（杭州出版社 2012 年出版）
12. 《西溪游记》（杭州出版社 2012 年出版）
13. 《西溪丛语》（杭州出版社 2012 年出版）
14. 《西溪画寻》（杭州出版社 2012 年出版）
15. 《西溪民俗》（杭州出版社 2012 年出版）
16. 《西溪雅士》（杭州出版社 2012 年出版）
17. 《西溪望族》（杭州出版社 2012 年出版）
18. 《西溪的物产》（杭州出版社 2012 年出版）
19. 《西溪与越剧》（杭州出版社 2012 年出版）
20. 《西溪医药文化》（杭州出版社 2012 年出版）
21. 《西溪民间风情》（杭州出版社 2012 年出版）
22. 《西溪民间故事》（杭州出版社 2012 年出版）
23. 《西溪民间工艺》（杭州出版社 2012 年出版）
24. 《西溪古镇古村落》（杭州出版社 2012 年出版）
25. 《西溪的历史建筑》（杭州出版社 2012 年出版）
26. 《西溪的宗教文化》（杭州出版社 2012 年出版）
27. 《西溪与蕉园诗社》（杭州出版社 2012 年出版）
28. 《西溪集古楹联匾额》（杭州出版社 2012 年出版）
29. 《西溪蒋坦与〈秋灯琐忆〉》（杭州出版社 2012 年出版）
30. 《西溪名人》（杭州出版社 2013 年出版）
31. 《西溪隐红》（杭州出版社 2013 年出版）
32. 《西溪留下》（杭州出版社 2013 年出版）
33. 《西溪山坞》（杭州出版社 2013 年出版）
34. 《西溪揽胜》（杭州出版社 2013 年出版）
35. 《西溪与水浒》（杭州出版社 2013 年出版）

运河（河道）丛书

7.《杭州运河古诗词选评》（杭州出版社2006年出版）

8.《走近大运河·散文诗歌卷》（杭州出版社2006年出版）

9.《走近大运河·游记文学卷》（杭州出版社2006年出版）

10.《走近大运河·纪实文学卷》（杭州出版社2006年出版）

11.《走近大运河·传说故事卷》（杭州出版社2006年出版）

12.《走近大运河·美术摄影书法采风作品集》（杭州出版社2006年出版）

13.《杭州运河治理》（杭州出版社2013年出版）

14.《杭州运河新貌》（杭州出版社2013年出版）

15.《杭州运河歌谣》（杭州出版社2013年出版）

16.《杭州运河戏曲》（杭州出版社2013年出版）

17.《杭州运河集市》（杭州出版社2013年出版）

18.《杭州运河桥梁》（杭州出版社2013年出版）

19.《穿越千年的通途》（杭州出版社2013年出版）

20.《穿花泄月绕城来》（杭州出版社2013年出版）

21.《烟柳运河一脉清》（杭州出版社2013年出版）

22.《口述杭州河道历史》（杭州出版社2013年出版）

23.《杭州运河历史建筑》（杭州出版社2013年出版）

24.《杭州河道历史建筑》（杭州出版社2013年出版）

25.《外国人眼中的大运河》（杭州出版社2013年出版）

26.《杭州河道诗词楹联选粹》（杭州出版社2013年出版）

27.《杭州运河非物质文化遗产》（杭州出版社2013年出版）

28.《杭州运河宗教文化掠影》（杭州出版社2013年出版）

29.《杭州运河土特产》（杭州出版社2013年出版）

30.《杭州运河史话》（杭州出版社2013年出版）

31.《杭州运河旅游》（杭州出版社2013年出版）

32.《杭州河道文明探寻》（杭州出版社2013年出版）

33.《杭州运河名人》（杭州出版社2014年出版）

34.《中东河新传》（杭州出版社2015年出版）

35.《杭州运河船》（杭州出版社2015年出版）

36.《杭州运河名胜》（杭州出版社2015年出版）

37.《杭州河道社区》（杭州出版社2015年出版）

38.《运河边的租界——拱宸桥》（杭州出版社2015年出版）

39.《运河文化名镇塘栖》（杭州出版社2015年出版）

40.《杭州运河旧影》（杭州出版社2017年出版）

41.《运河上的杭州》（浙江人民美术出版社2017年出版）

42.《西湖绸伞寻踪》（浙江人民美术出版社2017年出版）

43.《杭州运河文化之旅》（浙江人民美术出版社2017年出版）

44.《亲历杭州河道治理》（浙江古籍出版社 2018 年出版）

45.《杭州河道故事与传说》（浙江古籍出版社 2018 年出版）

46.《杭州运河老厂》（杭州出版社 2018 年出版）

47.《运河村落的蚕丝情结》（杭州出版社 2018 年出版）

48.《运河文物故事》（杭州出版社 2019 年出版）

49.《杭州河道名称历史由来》（浙江古籍出版社 2019 年出版）

50.《杭州古代河道治理》（杭州出版社 2019 年出版）

钱塘江丛书

1.《钱塘江传说》（杭州出版社 2013 年出版）

2.《钱塘江名人》（杭州出版社 2013 年出版）

3.《钱塘江金融文化》（杭州出版社 2013 年出版）

4.《钱塘江医药文化》（杭州出版社 2013 年出版）

5.《钱塘江历史建筑》（杭州出版社 2013 年出版）

6.《钱塘江古镇梅城》（杭州出版社 2013 年出版）

7.《茅以升和钱塘江大桥》（杭州出版社 2013 年出版）

8.《古邑分水》（杭州出版社 2013 年出版）

9.《孙权故里》（杭州出版社 2013 年出版）

10.《钱塘江风光》（杭州出版社 2013 年出版）

11.《钱塘江戏曲》（杭州出版社 2013 年出版）

12.《钱塘江风俗》（杭州出版社 2013 年出版）

13.《淳安千岛湖》（杭州出版社 2013 年出版）

14.《钱塘江航运》（杭州出版社 2013 年出版）

15.《钱塘江旧影》（杭州出版社 2013 年出版）

16.《钱塘江水电站》（杭州出版社 2013 年出版）

17.《钱塘江水上运动》（杭州出版社 2013 年出版）

18.《钱塘江民间工艺美术》（杭州出版社 2013 年出版）

19.《黄公望与〈富春山居图〉》（杭州出版社 2013 年出版）

20.《钱江梵影》（杭州出版社 2014 年出版）

21.《严光与严子陵钓台》（杭州出版社 2014 年出版）

22.《钱塘江史话》（杭州出版社 2014 年出版）

23.《桐君山》（杭州出版社 2014 年出版）

24.《钱塘江藏书与刻书文化》（杭州出版社 2014 年出版）

25.《外国人眼中的钱塘江》（杭州出版社 2014 年出版）

26.《钱塘江绘画》（杭州出版社 2014 年出版）

27.《钱塘江饮食》（杭州出版社 2014 年出版）

28.《钱塘江游记》（杭州出版社 2014 年出版）
29.《钱塘江茶史》（杭州出版社 2015 年出版）
30.《钱江潮与弄潮儿》（杭州出版社 2015 年出版）
31.《之江大学史》（杭州出版社 2015 年出版）
32.《钱塘江方言》（杭州出版社 2015 年出版）
33.《钱塘江船舶》（杭州出版社 2017 年出版）
34.《城·水·光·影——杭州钱江新城亮灯工程》（杭州出版社 2018 年出版）

良渚丛书

1.《神巫的世界》（杭州出版社 2013 年出版）
2.《纹饰的秘密》（杭州出版社 2013 年出版）
3.《玉器的故事》（杭州出版社 2013 年出版）
4.《从村居到王城》（杭州出版社 2013 年出版）
5.《良渚人的衣食》（杭州出版社 2013 年出版）
6.《良渚文明的圣地》（杭州出版社 2013 年出版）
7.《神人兽面的真像》（杭州出版社 2013 年出版）
8.《良渚文化发现人施昕更》（杭州出版社 2013 年出版）
9.《良渚文化的古环境》（杭州出版社 2014 年出版）
10.《良渚文化的水井》（浙江古籍出版社 2015 年出版）

余杭丛书

1.《品味塘栖》（浙江古籍出版社 2015 年出版）
2.《吃在塘栖》（浙江古籍出版社 2016 年出版）
3.《塘栖蜜饯》（浙江古籍出版社 2017 年出版）
4.《村落拾遗》（浙江古籍出版社 2017 年出版）
5.《余杭老古话》（浙江古籍出版社 2018 年出版）
6.《传说塘栖》（浙江古籍出版社 2019 年出版）
7.《余杭奇人陈元赟》（浙江古籍出版社 2019 年出版）
8.《章太炎讲国学》（上海人民出版社 2019 年出版）
9.《章太炎家书》（上海人民出版社 2019 年出版）

湘湖（白马湖）丛书

1.《湘湖史话》（杭州出版社 2013 年出版）
2.《湘湖传说》（杭州出版社 2013 年出版）

3.《东方文化园》（杭州出版社 2013 年出版）

4.《任伯年评传》（杭州出版社 2013 年出版）

5.《湘湖风俗》（杭州出版社 2013 年出版）

6.《一代名幕汪辉祖》（杭州出版社 2014 年出版）

7.《湘湖诗韵》（浙江古籍出版社 2014 年出版）

8.《白马湖诗词》（西泠印社出版社 2014 年出版）

9.《白马湖传说》（西泠印社出版社 2014 年出版）

10.《画韵湘湖》（浙江摄影出版社 2015 年出版）

11.《湘湖人物》（浙江古籍出版社 2015 年出版）

12.《白马湖俗语》（西泠印社出版社 2015 年出版）

13.《湘湖楹联》（杭州出版社 2016 年出版）

14.《湘湖诗词（上下）》（杭州出版社 2016 年出版）

15.《湘湖物产》（浙江古籍出版社 2016 年出版）

16.《湘湖故事新编》（浙江人民出版社 2016 年出版）

17.《白马湖风物》（西泠印社出版社 2016 年出版）

18.《湘湖记忆》（杭州出版社 2016 年出版）

19.《湘湖民间文化遗存》（西泠印社出版社 2016 年出版）

20.《汪辉祖家训》（杭州出版社 2017 年出版）

21.《诗狂贺知章》（浙江人民出版社 2017 年出版）

22.《西兴史迹寻踪》（西泠印社出版社 2017 年出版）

23.《来氏与九厅十三堂》（西泠印社出版社 2017 年出版）

24.《白马湖楹联碑记》（西泠印社出版社 2017 年出版）

25.《湘湖新咏》（西泠印社出版社 2017 年出版）

26.《湘湖之谜》（浙江人民出版社 2017 年出版）

27.《长河史迹寻踪》（西泠印社出版社 2017 年出版）

28.《湘湖宗谱与宗祠》（杭州出版社 2018 年出版）

29.《毛奇龄与湘湖》（浙江人民出版社 2018 年出版）

30.《湘湖图说》（浙江人民出版社 2018 年出版）

31.《萧山官河两岸乡贤书画逸闻》（西泠印社出版社 2019 年出版）

32.《民国湘湖轶事》（浙江人民出版社 2020 年出版）

研究报告

杭州研究报告

1.《金砖四城——杭州都市经济圈解析》（杭州出版社 2013 年出版）

2.《民间文化杭州论稿》（杭州出版社 2013 年出版）

3.《杭州方言与宋室南迁》（杭州出版社 2013 年出版）

4.《一座城市的味觉遗香——杭州饮食文化遗产研究》
（浙江古籍出版社 2018 年出版）

西湖研究报告

《西湖景观题名文化研究》（杭州出版社 2016 年出版）

西溪研究报告

1.《西溪研究报告（一）》（杭州出版社 2016 年出版）

2.《西溪研究报告（二）》（杭州出版社 2017 年出版）

3.《湿地保护与利用的"西溪模式"——城市管理者培训特色教材·西溪
篇》（杭州出版社 2017 年出版）

4.《西溪专题史研究》（杭州出版社 2018 年出版）

5.《西溪历史文化景观研究》（杭州出版社 2019 年出版）

运河（河道）研究报告

1.《杭州河道研究报告（一）》（浙江古籍出版社 2015 年出版）

2.《中国大运河保护与利用的杭州模式——城市管理者培训特色教材·
运河篇》（杭州出版社 2018 年出版）

3.《杭州河道有机更新实践创新与经验启示——城市管理者培训特色教
材·河道篇》（杭州出版社 2019 年出版）

4.《杭州运河（河道）专题史研究（上下）》（杭州出版社 2019 年出版）

钱塘江研究报告

1.《钱塘江研究报告（一）》（杭州出版社 2013 年出版）

2.《潮涌新城：杭州钱江新城建设历程、经验与启示——城市管理者教材》
（杭州出版社 2019 年出版）

良渚研究报告

《良渚古城墙铺垫石研究报告》（浙江古籍出版社 2018 年出版）

余杭研究报告

1.《慧焰薪传——径山禅茶文化研究》（杭州出版社 2014 年出版）
2.《沈括研究》（浙江古籍出版社 2016 年出版）

湘湖（白马湖）研究报告

1.《九个世纪的嬗变——中国·杭州湘湖开筑 900 周年学术论坛文集》
（浙江古籍出版社 2014 年出版）
2.《湘湖保护与开发研究报告（一）》（杭州出版社 2015 年出版）
3.《湘湖文化保护与旅游开发研讨会论文集》
（浙江古籍出版社 2015 年出版）
4.《湘湖战略定位与保护发展对策研究》（浙江古籍出版社 2016 年出版）
5.《湘湖金融历史文化研究文集》（浙江人民出版社 2016 年出版）
6.《湘湖综合保护与开发：经验·历程·启示——城市管理者培训特色教
材·湘湖篇》（杭州出版社 2018 年出版）
7.《杨时与湘湖研究文集》（浙江人民出版社 2018 年出版）
8.《湘湖研究论文专辑》（杭州出版社 2018 年出版）
9.《湘湖历史文化调查报告（上下）》（杭州出版社 2018 年出版）
10.《湘湖（白马湖）专题史（上下）》（浙江人民出版社 2019 年出版）
11.《湘湖研究论丛——陈志根湘湖研究论文选》（浙江人民出版社 2019 年
出版）

南宋史研究丛书

1.《南宋史研究论丛（上下）》（杭州出版社 2008 年出版）
2.《朱熹研究》（人民出版社 2008 年出版）
3.《叶适研究》（人民出版社 2008 年出版）
4.《陆游研究》（人民出版社 2008 年出版）
5.《马扩研究》（人民出版社 2008 年出版）
6.《岳飞研究》（人民出版社 2008 年出版）
7.《秦桧研究》（人民出版社 2008 年出版）
8.《宋理宗研究》（人民出版社 2008 年出版）
9.《文天祥研究》（人民出版社 2008 年出版）
10.《辛弃疾研究》（人民出版社 2008 年出版）
11.《陆九渊研究》（人民出版社 2008 年出版）
12.《南宋官窑》（杭州出版社 2008 年出版）

13.《南宋临安城考古》（杭州出版社 2008 年出版）

14.《南宋临安典籍文化》（杭州出版社 2008 年出版）

15.《南宋都城临安》（杭州出版社 2008 年出版）

16.《南宋史学史》（人民出版社 2008 年出版）

17.《南宋宗教史》（人民出版社 2008 年出版）

18.《南宋政治史》（人民出版社 2008 年出版）

19.《南宋人口史》（上海古籍出版社 2008 年出版）

20.《南宋交通史》（上海古籍出版社 2008 年出版）

21.《南宋教育史》（上海古籍出版社 2008 年出版）

22.《南宋思想史》（上海古籍出版社 2008 年出版）

23.《南宋军事史》（上海古籍出版社 2008 年出版）

24.《南宋手工业史》（上海古籍出版社 2008 年出版）

25.《南宋绘画史》（上海古籍出版社 2008 年出版）

26.《南宋书法史》（上海古籍出版社 2008 年出版）

27.《南宋戏曲史》（上海古籍出版社 2008 年出版）

28.《南宋临安大事记》（杭州出版社 2008 年出版）

29.《南宋临安对外交流》（杭州出版社 2008 年出版）

30.《南宋文学史》（人民出版社 2009 年出版）

31.《南宋科技史》（人民出版社 2009 年出版）

32.《南宋城镇史》（人民出版社 2009 年出版）

33.《南宋科举制度史》（人民出版社 2009 年出版）

34.《南宋临安工商业》（人民出版社 2009 年出版）

35.《南宋农业史》（人民出版社 2010 年出版）

36.《南宋临安文化》（杭州出版社 2010 年出版）

37.《南宋临安宗教》（杭州出版社 2010 年出版）

38.《南宋名人与临安》（杭州出版社 2010 年出版）

39.《南宋法制史》（人民出版社 2011 年出版）

40.《南宋临安社会生活》（杭州出版社 2011 年出版）

41.《宋画中的南宋建筑》（西泠印社出版社 2011 年出版）

42.《南宋舒州公牍佚简整理与研究》（上海古籍出版社 2011 年出版）

43.《南宋全史（一）》（上海古籍出版社 2011 年出版）

44.《南宋全史（二）》（上海古籍出版社 2011 年出版）

45.《南宋全史（三）》（上海古籍出版社 2012 年出版）

46.《南宋全史（四）》（上海古籍出版社 2012 年出版）

47.《南宋全史（五）》（上海古籍出版社 2012 年出版）

48.《南宋全史（六）》（上海古籍出版社 2012 年出版）

49.《南宋全史（七）》（上海古籍出版社 2015 年出版）

50.《南宋全史（八）》（上海古籍出版社 2015 年出版）

51.《南宋美学思想研究》（上海古籍出版社 2012 年出版）

52.《南宋川陕边行政运行体制研究》（上海古籍出版社 2012 年出版）

53.《南宋藏书史》（人民出版社 2013 年出版）

54.《南宋陶瓷史》（上海古籍出版社 2013 年出版）

55.《南宋明州先贤祠研究》（上海古籍出版社 2013 年出版）

56.《南宋建筑史》（上海古籍出版社 2014 年出版）

57.《金人"中国"观研究》（上海古籍出版社 2014 年出版）

58.《宋金交聘制度研究》（上海古籍出版社 2014 年出版）

59.《图说宋人服饰》（上海古籍出版社 2014 年出版）

60.《南宋社会民间纠纷及其解决途径研究》（上海古籍出版社 2015 年出版）

61.《〈咸淳临安志〉宋版"京城四图"复原研究》（上海古籍出版社 2015 年出版）

62.《南宋都城临安研究——以考古为中心》（上海古籍出版社 2016 年出版）

63.《两宋宗室研究——以制度考察为中心（上下）》（上海古籍出版社 2016 年出版）

64.《南宋园林史》（上海古籍出版社 2017 年出版）

65.《道命录》（上海古籍出版社 2017 年出版）

66.《毗陵集》（上海古籍出版社 2017 年出版）

67.《西湖游览志》（上海古籍出版社 2017 年出版）

68.《西湖游览志馀》（上海古籍出版社 2018 年出版）

69.《建炎以来系年要录（全八册）》（上海古籍出版社 2018 年出版）

70.《南宋理学一代宗师杨时思想研究》（上海古籍出版社 2018 年出版）

南宋研究报告

1.《两宋"一带一路"战略·长江经济带战略研究》（杭州出版社 2018 年出版）

2.《南北融合：两宋与"一带一路"建设研究》（杭州出版社 2018 年出版）

通　史

西溪通史

《西溪通史（全三卷）》（杭州出版社 2017 年出版）

杭 | 州 | 全 | 书